우체국 텃밭에서
그 사람을 생각하다

권미양 지음

모악

여는 글

텃밭은 힘, 엄마다

끊이지 않는 민원과 지친 심신 때문에 승진을 접고 곡성으로 내려왔다. 25년의 공무원생활 동안 고흥, 보성, 광주, 영광 등 여러 지역에서 근무했지만, 동부권은 처음이었다. 구례나 순천이나 여수에 가기 위해 지나쳤을 뿐 곡성에 머문 기억은 없었다. 2021년 1월 2일, 곡성에서 새로운 삶을 시작했다.

곡성에서 처음 근무하게 된 목사동우체국에는 텃밭이 있었다. 땅이 잠자는 1월은 매일 텃밭을 보며 무엇을 심을까 그림을 그렸다.

'입구에는 자주 뽑아 먹을 수 있는 상추를 심고, 오이와 가지도 있어야 해. 김밥에 넣을 시금치, 갈치속젓에 싸먹으면 맛있는 열무, 곡성 특산물인 토란도 심어야지. 토란대가 들어간 오리탕이나 육개장은 엄마의 맛이잖아. 감자와 고구마는 필수, 담장 옆으로 옥수수와 콩을 심어 녹색을 더해야지.'

처음 하는 일이라 설렘과 걱정이 뒤섞였다. 매일 인터넷을 보며 부지런히 공부했다. 하면 할수록 작은 텃밭에 무엇을 심어야 할지

도무지 감이 오지 않고 걱정만 쌓여갔다. 도움이 필요했다. 우체국에 오시는 고객에게 텃밭을 보여주며 어떻게 해야 하는지 도움을 요청했다. 밭을 일구기 위해 함께 삽질해 주신 면장님, 토종 씨앗을 제공해 주신 옆집 할머니, 아침저녁으로 농사에 훈수를 넣어준 엄마와 사모님 등 모두가 함께 일군 텃밭이었다.

봄에는 텃밭에서 나온 쌈채소로 샐러드를 만들어 나누었다. 우체국쇼핑을 통해 새조개, 주꾸미 등 지역특산품을 주문하여 샤부샤부로 동네잔치도 열었다. 여름에는 가지, 고추, 깻잎, 옥수수, 호박잎 등이 한꺼번에 쏟아졌다. 지인들에게 나누어 주고도 많이 남았다. 퇴직하신 선배님의 아이디어로 인터넷 동호회 회원들에게 착불택배로 보내드렸다. 감사 인사가 적힌 댓글을 보니 뿌듯했다.

가을에는 둥굴레, 작두콩, 결명자, 돼지감자를 수확해서 직접 썰고, 말리고, 덖음해서 차를 만들었다. 우체국을 이용하시는 고객들은 향기가 진하고 구수한 맛이 좋다며 모두 즐거워했다.

많은 사람 덕분에 비료나 농약 없이 서른 평 남짓 텃밭에서 한 해에 서른 종류가 넘는 씨를 뿌리고 수확하여 나누는 재미를 맛보았다. 주먹 크기의 무와 봄동으로 자란 김장배추, 잎사귀만 무성한 고구마에 실망도 했지만, 고추, 알타리와 열무는 물맛이 아닌 본연의 맛이 느껴져 못생겨도 맛이 좋았다.

텃밭은 모든 것을 품어주고 내어주는 엄마와 같다. 스스로 햇빛을 모으고, 물을 찾아 한없이 땅속으로 뻗어갔다. 아주까리는 따고 따도 계속 잎을 내고, 들깨는 수많은 깨알을 품어 고소한 향을 사람과 자연에 돌려주었다. 텃밭은 잘못해도 야단치는 법이 없이 기다려주었다. 쑥갓은 작은 공간에 빼곡하게 심어도 아프다 말하지 않고 조용히 웃음꽃을 피웠다.

텃밭이 들려주는 삶의 지혜를 매일 배웠다. 옥수수와 콩, 그리고 호박은 함께 심어야 서로 잘 큰다. 좀 더 키울 욕심에 수확을 늦춘 콜라비는 딱딱한 심지가 박혀 먹을 수 없다. 예쁘다고 매일 물을 준 토마토는 무름병이 와서 벌레들의 밥이 된다. 사람은 혼자서는 살 수 없다. 욕심을 비우고 적절한 관심과 사랑으로 함께 어우러져야 잘 살 수 있다.

즐겁고 의미 있는 일은 여럿이 함께하면 좋다. 직접 키운 채소를 요리해 나누어 먹었다. 재료마다 키우는 과정이 담긴 이야기가 더해져 더 맛있었다. 애정이 생겨 하나도 버리지 않고 깨끗하게 먹었다.

텃밭을 가꾸며 몸과 마음이 치유되는 것을 느꼈다. 서툰 나를 받아주고 치유해준 작물들에게 보답하고 싶었다. 제대로 알고 그 속에 담긴 이야기를 많은 사람에게 알리고 싶었다. 작물들 하나하나를 주인공으로 그림을 그리면서 생태와 효능을 공부했다.

그 집의 기운은 자라나는 식물을 보면 알 수 있다. 농작물은 주인의 발자국소리를 듣고 자란다. 식물이 싱싱하면 그만큼 관심과 애정이 넘치는 사람이 사는 것이다. 사람을 대하는 것도 마찬가지이다. 사랑을 주면 배가 되어 되돌아온다.

처음에 열 평 정도였던 텃밭이 다음 해에 스무 평으로, 그다음 해는 서른 평으로 확장되었다. 키우는 작물도 서너 가지에서 서른 가지가 넘었고, 북적북적 우체국을 오가는 사람도 늘었다. 목사동우체국에서 텃밭과 함께 보낸 2년을 여기에 기록한다.

차례

3부 가슴, 가꾼다

4부 배, 거둔다

5부 다리, 꿈꾼다

1부

머리, 비운다

그곳에 텃밭이 있었다

2021년 1월 1일 곡성군 목사동면 주목로 791, 목사동우체국으로 발령을 받았다. 첫 출근길 동광주요금소를 통과하는 순간 함박눈이 펑펑 내리기 시작했다. 결혼식에 눈이 오면 잘 산다는 말이 있다. 새로 시작하는 곡성생활도 좋은 일이 많을 것 같다.

눈 내리는 고속도로를 조심조심 달렸다. 다가오는 산들이 정겨워 소풍가는 기분이었다. 석곡나들목을 빠져나와 대황강을 따라 5km를 더 달려 목사동교를 건넜다. 목사동천을 사이에 두고 수백 년이 넘은 왕버들나무가 줄지어 서 있고, 그곳에 목사동우체국이 있다.

우체국을 마주하고 길 건너에 면사무소가 있다. 키 큰 소나무 두 그루가 양팔을 벌려 환영하듯 생글거렸다. 표지석을 감싼 키 작은 소나무는 우체국을 품어주는 듯하다. 목사동면을 한눈에 볼 수 있는 벽화가 그려져 있다. 충의의 고장 목사동면 사람들, 용바위, 참나무 숲, 용마를 탄 신숭겸 장군, 특산품인 깻잎과 배, 대통령표창 일등쌀 백세미, 출렁거리는 대황강 물, 아미산자락의 천태암도 담겼다.

우뚝 선 은행나무를 사이에 두고 면사무소와 파출소가 나란히 있다. 그 옆에 농협이 있고, 길 건너 농협창고 뒤에 텃밭이 우체국과 연결되어 있다. 은행나무와 텃밭 사이를 작은 새들이 쉼 없이 노래하며 왔다갔다했다.

우체국을 지나면 복지회관이 있고, 그 옆은 금손할머니 집이다. 도로를 건너 200m를 더 가면 한울고등학교가 있다. 도로를 중심으로 500m 안에 공공기관과 금손할머니 집이 모여 가족처럼 어울려 있다.

우체국에는 오십 평 정도의 빈터가 있다. 예전에 집배원이 우체국마다 상주할 때 오토바이 보관 장소와 마당이 있던 곳이다. 우체국 옆문을 열면 수돗가와 두 칸으로 나뉜 창고가 있다. 문이 있는 첫 칸은 호미, 삽, 괭이, 비닐 등을 보관하고, 다른 칸은 퇴비와 자전거가 들어 있다. 지붕을 잇대어 바람이 통하는 위치에 테이블이 놓였다. 대문에서 창고까지 스무 평 정도의 마당은 시멘트로 포장되었다.

안쪽으로 담장을 두른 서른 평정도 빈터가 작물을 심을 수 있는 텃밭이다. 텃밭의 양 끝에는 쓰레기장과 돌무덤을 두어 잡초와 음식물쓰레기를 모아 퇴비를 만든다. 세로로 기다란 텃밭의 가운데는 시멘트로 포장된 길이다. 좌우로 시금치와 부추, 상추, 신선초가 심어진 밭이다. 그 주변으로 둥굴레, 돼지감자, 결명자, 아주까리, 두릅, 어성초가 자라고 있다.

돌담을 두른 텃밭은 멧돼지나 뱀이 들어오지 못해 안전할 듯했다. 옆에는 농협창고가 있어 바람을 막아주었다. 뒤에는 면사무소 노인일자리 공동텃밭이 있어 외롭지 않아보였다. 감나무를 사이에 두고 목사동천이 흘러 가뭄이나 홍수에도 끄떡없을 것 같다.

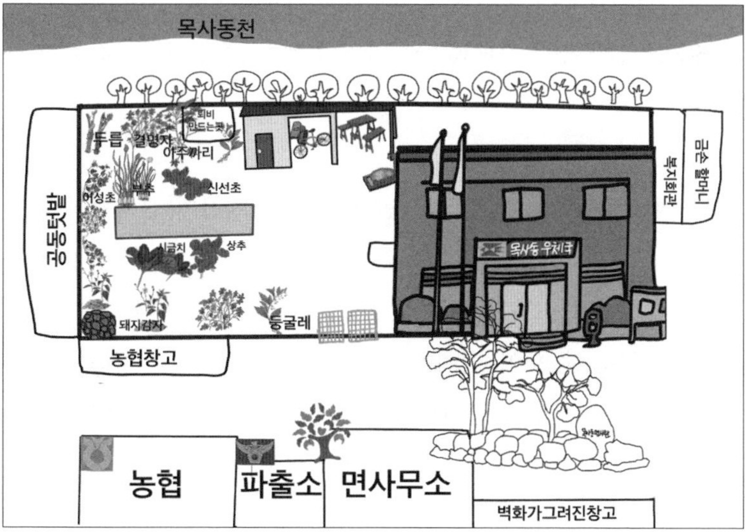

텃밭배치도

둥굴레, 종이 울린다

불편한 초행길

밤사이 창문이 달그락 울어대더니 눈이 많이 내렸다. 삼각산을 덮고도 그칠 줄을 모른다. 곡성으로 발령 난 지 얼마 되지 않아 길눈도 어두운데 걱정이 앞섰다. 개인 사업을 하는 남편은 아침이 여유롭다. 도로가 미끄러워 사고 날까 걱정되니 운전을 해주겠다며 장갑에 외투를 걸치고 나선다. 남편과 함께 익숙하지 않은 초행길, 무사히 우체국에 도착했다. 8시 30분. 생각보다 빨리 왔다. 휴게실에서 옷을 갈아입는데 밖이 소란했다. 아직 업무 시작 전인데 출입문을 두드리는 소리다. 직원이 문을 열어주었다.

"밖에서 한참 동안 기다렸어. 왜 이리 출근이 늦어? 내가 근무할 때는 시골 주민을 위해 아침 일찍 문을 열었는데, CS교육도 안 되었네. 국장이 일찍 와야지 아홉 시 정각에 출근해?"

따발총을 쏘듯 호통을 친다. 아니 이게 웬 소리야? 보아하니 공무원으로 퇴직했나본데 어이가 없다. 두 명만 근무하는 우체국은 사고 위험을 줄이기 위해 정시에 문을 여는 것이 원칙이다. 직원 복지를 위해서도 근무시간은 지켜야 한다. 영업장에서 아침부터 큰소리를 치다니 너무 무례한 손님이 아닌가? 참을 수가 없다.

"아직 업무 시작 전입니다. 영업장에서 아침부터 큰소리로 이러시면 안 되시죠."

"내가 우체국에 얼마나 많은 기여를 하는데 감히 건방지게 그딴 소리를 해! 그래, 내가 네 꼴 보기 싫어서 우체국에 절대로 안 온다."

한바탕 큰소리가 오갔다. 남편이 보는 앞인지라 더욱 초라했다. 더 이상 그 공간에 머물 수 없었다. 문을 열고 텃밭으로 나왔다. 담장 덕분에 홀로 숨어 마음을 가라앉힐 수 있는 공간이다.

하얀 눈이 소복이 쌓인 텃밭은 양 끝에 두릅나무와 꺾어진 아주까리 줄기만 솟았다. 꺾인 나무가 패잔병처럼 추워 보여 손바닥으로 쓸어주었다. 눈밭 위로 빼꼼한 것이 보였다. 때를 모르고 먼저 나왔다가 눈 벼락을 맞은 새싹이었다. 두 손으로 주변의 눈을 걷어 모아 뭉쳤다.

"근심 걱정, 모두 사라져라."

큰소리로 외치며 담장 너머로 던졌다. 당당하게 어깨를 펴고 고개를 든 채 우체국으로 돌아왔다.

솔로몬의 인장이 나에게

막삽은 흙이 뭉쳤거나 땅을 팔 때 또는 돌을 고를 때 쓰는 농기구이다. 차가운 눈 속에 넘어진 삽을 집었다. 막삽은 손에 딱 붙어 떨어지지 않았다. 삽질해야겠다. 잡념을 잊는 데는 최고지.

봄에는 땅을 갈아엎는 작업을 했다. 입춘이 되자 점심시간과 퇴근 후 두 시간씩 텃밭에서 시간을 보냈다. 삽으로 땅을 파고, 곡괭이로 흙을 잘게 부수는 일이었다. 시멘트 등 공사폐기물이 묻혔던 곳에 흙을 덮어놓은 곳이라 땅심이 얇고 돌덩이가 많이 나왔다.

처음에는 땅이 얼어 삽질이 쉽지 않았다. 삽을 땅에 꽂고 두 발로 껑충 뛰어올라야 했다. 봄비가 내리는 3월이 되었다. 한발로도 삽질을 할 수 있어 작업 속도가 빨라졌다.

『본리지』에 '제때를 아는 것을 우선순위에 두지 않으면 일 년 내내 바쁘기만 하고 고생할 뿐이다'고 했다. 봄 밭갈이는 춘분 이후에 한 이유를 이제야 알았다.

담장 주변에 초록색 넓은 잎이 달린 둥굴레가 있었다. 둥굴레는 영어로 Solomon's Seal(솔로몬의 인장)이라 한다. 솔로몬의 지혜를 봉인한 편지가 나에게 왔다. 꽃병에 꽂아 출입문 입구 테이블에 놓았다. 초록색 바탕에 가는 흰색 줄무늬가 있는 넓은 잎 사이로 앙증맞고 작은 하얀 꽃을 매달고 있었다. 가녀린 여인들이 하얀 초롱을 들고 허리 굽혀 인사하며 반기는 듯 고상하고 운치가 있어 좋았다.

"어머 은방울꽃이네. 참 예쁘다."

"이건 꽃대가 붉은 둥굴레꽃이에요. 은방울꽃은 꽃대가 녹색으로 잘못 먹으면 죽을 수도 있는 독초랍니다."

둥굴레는 버릴 것이 하나도 없는 이로운 식물이다. 어린잎을 데쳐 나물로 먹고, 뿌리는 밥에 넣어 찌거나 차로 우려먹는다. 된장이나 고추장 속에 박아 장아찌로 만들어 오래 두고 먹을 수 있다.

둥굴레, 너는

목사동면엔 왕버들군락지가 있다. 봄이면 꽃가루 때문에 재채기 콧물 비염이 많다고 들었다. 작두콩을 심기로 마음먹었다.

작두콩은 넝쿨식물로 담장 옆이 어울리는데, 둥굴레가 이미 점령하고 있다. 새싹이 올라오기 전에 둥굴레를 일부만 캐기로 했다. 둥굴레가 잠자고 있으면 덜 아플 것 같았다. 잠은 작은 죽음과 같은 것이니깐.

깨어난다는 것은 새로운 생명을 얻는 것과 같다. 아침에 떠오르는 태양도 처음이고, 맺혀 있는 이슬방울을 보는 것도 처음이다. 친구를 부르는지 나를 위해 노래하는지 모르는 새소리도 처음이다.

위대한 아침을 맞기도 전에 나는 둥굴레를 영원히 잠재우는 중이다. 둥굴레에 미안하여 고개를 반대로 돌리고 호미질을 했다. 나중에 깨어난 둥굴레는 친구의 죽음에 방울방울 눈물을 매달고 고개 숙이고 울지도 모른다. 작두콩에 양보한 아름다운 희생을 구수한 둥굴레차로 만들어 마시면서 아픔을 기억하겠다고 다짐했다.

둥굴레는 땅속에서 옆으로 얇게 퍼지며 자란다. 텃밭의 머리 부분을 거의 점령해 한 뿌리를 캐도 많은 양이 나왔다. 흙을 털어내고 오전 내내 물에 담갔다. 점심시간에 건져내어 그늘진 평상에 널어 말렸다. 퇴근 후 지저분한 잔뿌리는 손으로 하나하나 다 따주었다. 절반을 마치는데도 온종일이 걸렸다.

다음날은 쪄서 말려야 한다. 찜기가 작아 여러 번에 걸쳐 나눠 찌고 이를 다시 햇볕에 말렸다. 3일째, 달군 팬에 살짝 덖음했다. 뚜껑에 수증기가 올라오면 꺼내 건조하고 다시 덖음하는 작업을 세 번 이상 하고 나니 드디어 둥굴레차가 완성되었다.

고생한 뒤에 마시는 둥굴레차는 누룽지나 숭늉처럼 구수하면서도 미묘한 단맛이 나며 평안했다. 둥굴레차를 마시면 대머리가 된다는 속설이 있어 드시는 걸 꺼리는 사람도 있었다. 둥굴레를 먹으면 하늘을 날고 어른이 어린이로 변한다는 효험이 와전된 것 같다.

면장님이 오셔서 잔뿌리에도 영양분이 있으니 술을 빚으면 맛있다고 했다. 둥굴레로 술 담그기에 도전했다, 깨끗이 씻어서 담금주를 부어 주면 되었다. 그 많은 둥굴레를 한 번에 처리할 수 있어 좋았다.

2년 후 둥굴레 담금주를 먹었다. 코끝에 스치는 알코올 냄새가 확 풍기면서 기분을 들뜨게 했다. 혀에 닿는 부드러운 단맛이 쓴맛을 덮어주었다. 목젖을 타고 내려가 뱃속에서 꽃을 피워 몸 구석구석을 뜨겁게 달궈주었다. 상을 치우고 나니 바로 술기운이 사라져 효과가 빠르게 나타났다.

담금주를 좋아하는 지인들과 나눴다. 둥굴레는 대사가 뛰어나 알코올 분해를 잘해 숙취 해소에 좋다고 한다. 취하기 위해서가 아니라 분위기가 좋아서 술을 먹는 나에게 딱 맞은 술인 것 같다.

경종을 울리다

우체국에는 다양한 민원들이 많다. '왜 방안까지 와서 배달을 안 해주고 찾으러 오라고 하냐'며 억지를 부리는 고객, '공과금이 왜 많이 나왔냐며, 집배원이 주고 갔으니 알 것 아니냐'고 항의하는 고객, '내가 낸 세금으로 봉급 받으면서 점심시간에 왜 문을 닫느냐'는 등 얼토당토않은 주장을 하는 고객도 있다. 한참을 설명해도 막무가내 큰소리부터 내는 민원을 대하다보면 화가 나고 나 자신이 매우 초라해지곤 했다.

훗날 면장님의 퇴임사를 듣고 마음을 고쳐먹었다. 굳이 남의 마음을 읽으려 하지 말고 먼저 나를 다듬어야겠다. 고개 숙이고 핀 둥굴레꽃을 생각하며 둥글게 살고자 한다.

"예전에 동네에서 미꾸라지를 키울 때 천적인 메기 한 마리를 함께 넣고, 메기를 키울 때는 가물치 한 마리를 함께 넣었다고 합니다. 그러면 미꾸라지나 메기들은 살아남기 위해 바짝 긴장하여 활발하게 움직이다보니 건강해지고 육질이 좋아 맛있다고 합니다. 고객이 왕인데 하면서 저도 멱살을 잡힌 적이 많았습니다. 진상고객도 내 부모 형제라고 생각하고 대하다보면 이해할 수 있었고, 내 봉급에 민원인이 하는 욕설도 포함되었다고 생각하고 일하다보니, 하나도 힘들지 않게 민원인을 응대할 수 있었습니다. 어느 세상이나 메기나 가물치 같은 사람이 있습니다. 자기와 다르다고 배척할 것이 아니라 나의 성장을 위해 필요한 사람이라 생각하면 더없이 고마운 사람이 됩니다. 여기 계신 모든 분이 저를 성장시켜주신 고마운 분들입니다. 덕분에 오늘 영예로운 정년퇴직을 하게 되었습니다."

목사동 면장님 퇴임사 중에서

뚱딴지, 해바라기꽃!

우체국은 백화점

"우체국에서 샀다고 하는디, 고등어 좀 주시오"

"할머니, 우체국에서는 고등어 안 팔아요."

"아니, 집배원이 가져다줬다고 했는디……."

"아, 우체국쇼핑 말씀하시는구나. 제가 도와드릴게요."

유모차를 밀고 온 할머니와 직원이 실랑이를 벌이고 있다. 안 되겠다 싶어 내가 나섰다. 도시는 집 가까이에 마트가 있어 언제든지 필요한 물건을 살 수 있다. 시골은 물건을 살 때 5일마다 서는 장날을 이용해야 하지만, 가까운 우체국에 가면 모든 걸 해결할 수 있다. 오늘 주문하면 내일 받아볼 수 있는 우체국쇼핑이 있으니 말이다.

우체국쇼핑은 생산자에게 안정된 판로를 제공하여 지역경제 활성화에 이바지하고자 1986년부터 시작한 공익적 우편서비스이다. 농어촌지역의 특산품을 발굴하여 중간 유통 과정을 거치지 않고 생산자와 소비자가 우편망을 통해 직거래한다. 산지에서 직접 발송하여 신선하고 가격도 저렴해서 좋다. 공적 기관인 우체국이 엄선하니 제품을 믿을 수 있다.

"전화가 안 되는데 신고 좀 해줘"
"집배원이 주고 갔는디, 뭐 신청하라고 한당께. 뭐시당가?"
"핸드폰으로 뭐가 들어왔는데 좀 봐봐."

지팡이를 짚고 허리를 구부린 할머니가 우체국 문을 밀고 들어온다. 힘들게 오신 할머니를 위해 전화 고장신고를 해드리고, 우편물을 뜯지도 않고 들고 오신 어르신을 위해 근로장려금 신청도 대신해준다.

문자를 이용한 전자금융사기 때문에 핸드폰을 열어보지 못하는 할아버지를 대신해 손녀가 보내온 문자메시지도 읽어드린다. 스미싱(문자메시지에 연결된 인터넷주소를 클릭하면 악성코드가 설치)으로 남의 핸드폰을 만지는 건 무척 조심 되고 신경을 많이 써야 하는 일이다. 따뜻한 차 한 잔은 덤이다.

뚱딴지가 햇볕을 빼앗아갈 때

행동이나 사고방식 따위가 너무 엉뚱한 사람을 뚱딴지라 말한다. 돼지감자의 또 다른 이름이기도 하다. 꽃과 잎은 감자와 다른데 감자를 닮은 뿌리가 달려서 뚱딴지같다고 붙였을까? 아니면 뿌리를 사료로 써서 돼지가 먹는 감자라고 돼지감자라 불렀을까? 그건 그때 정한 사람이 알겠지. 아무튼 우체국 텃밭엔 뚱딴지가 있다.

우체국 옆집에 금손할머니가 살고 계신다. 새로 집을 지어 왔다는 할머니는 일 년 전에 남편을 여의고 지금은 혼자다. 꽃댕강나무로 담장을 두르고 그 밑에 노랑, 빨강, 진분홍 채송화꽃이 피어 있는 집이다. 반쯤 열린 대문 너머로 텃밭이 보였다. 풀 하나 없는 텃밭에 쪽파가 줄지어 서 있다. 감나무 아래는 손바닥만 한 머위가 방실방실 웃고 있다. 행복하고 따뜻한 집에 사시는 분이 궁금했다. 그 분이 우체국에 오셨다.

"우리 집에 이런 사람 없어."

손에는 주민세고지서가 들려 있다. 목사동으로 주소 이전 신고를 하면서 잘못되었나보다. 죄송한 마음에 차를 대접하고 우체국 텃밭을 보여주며 자문을 구했다. 어르신들은 잘하는 농사일을 말할 때 신이 난다. 그간 쌓아온 비결도 아낌없이 알려주신다.

금손할머니는 예전에 우체국 텃밭에 옥수수 등을 직접 심었던 분이다. 누구보다도 이곳에 대해 잘 알고 있다. 담장을 타고 있는 환삼넝쿨의 작은 잎사귀는 발견하자마자 바로 뽑으라고 했다. 작물을 감아 타고 번져서 결국에는 환삼넝쿨밭이 되어버린단다. 좀 더 크면 줄기가 꺼칠꺼칠해서 옷에 달라붙어 작업하기 힘드니 어릴 때 바로 뽑으라고 재차 강조했다.

텃밭엔 돌이 많았다. 금손할머니는 땅을 고르면서 나온 돌을 쌓아두었던 곳을 보더니, 그 속에서 작게 올라오는 초록 잎사귀를 쏙 뽑아냈다.

"이것은 돼지감자인디, 이것도 뽑아부러야 해."

"돼지감자가 여기에 있었어요? 나는 안 심었는데 어떻게 나왔지."

"이놈은 번식력이 강혀서 뽑아도 뽑아도 또 나와. 그럼 다른 것을 못해 묵어."

"가을에 예쁜 꽃이 피잖아요?"

"이놈은 키가 커서 햇볕을 다 뺏어가. 긍께 뽑아부러야 해"

돼지감자는 사방으로 마구 뻗으며 잘 자라고. 키가 커서 다른 작물들의 성장을 방해한다. 한번 심었던 밭에선 이후 다른 작물로 바꿔도 땅속 깊이 잠자고 있던 돼지감자가 또 나온다. 씨를 뿌리지 않은 곳에서 돼지감자가 튀어나오니 뚱딴지같은지도 모르겠다. 돌무더기 속을 들춰내며 꽃으로 볼 몇 뿌리만 남기고 다 뽑았다. 그래도 내년에 또 나오겠지?

가을에 돌무덤 옆으로 꽃이 피었다. 담장을 의지하며 쭉쭉 자라 담 너머로 얼굴을 내밀었다. 봄에 남겨둔 돼지감자가 꽃을 피운 것이다. 돼지감자꽃말은 미덕과 음덕이라 한다. 돼지감자꽃차는 혈관 속 노폐물 제거에 좋다고 하는데, 키가 너무 커 손으로 딸 수가 없었다. 꽃 한 송이만 따 물병에 넣어 마셨다. 내년에는 좀 더 남겨야 하나 고민 중이다.

가끔 나는 생각이 앞선 나머지 엉뚱한 화법을 구사한다. 주어를 생략하고 서술어를 먼저 말한 후 목적어를 붙이고 마지막에 반응을 봤다가 주어로 확인시키는 것이다. '티비 좀 꺼줄래? 이제 책 읽어야 하니. 범주야 부탁할게.' 예를 들면 이런 식이다. 내 나름으로 말을 아끼는 화법이라고 하지만, 듣는 사람은 시작이 명령조라 반감을 품을 법도 하다.

"워매 무슨 밭을 이렇게 두었다냐?"
"풀밭이 되부렀네."
"풀약을 써야제."
"아님. 다른 걸 심든지."

바쁘다고 돌아서는 금손할머니의 말이다.

결명자, 잡초 대신 너를

"하이, 빅스비. 오늘 날씨 알려줘."

—오늘 목사동면은 흐리고 미세먼지는 나쁨입니다.

"헤이, 카카오. 라디오 켜줘."

—네, 이전에 듣던 KBS 클래식 FM 틀어 줄게요.

"오케이, 구글. 내 방 불 켜줘."

침대에 누워 말만 하면 다 들어준다. AI 기능이 탑재된 스마트기기가 삶을 편리하게 하지만, 근육 살이 줄어들고 늘어나는 건 뱃살이다. 몸이 무거워져 움직이기는 힘들고 더욱더 기계에 의존하게 만든다. 나중에는 AI에게 지배당하는 게 아닐까?

요즘은 온라인교육이 많다. 공무원은 1년에 80시간 이상을 기본교육으로 받아야 한다. 업무를 하면서 교육을 받는다는 건 힘든 일이다. 대부분 컴퓨터 혼자 공부하고 나는 겨우 시험만 볼 뿐이다. 영화 「터미네이터」가 현실이 되는 건가? 컴퓨터는 계속 공부해 발전해가고 나는 시키는 일만 한다. 컴퓨터에 의해 조종당하고 있다는 생각이 들어 걱정된다.

AI가 알려준 정보에 의해 오늘을 계획한다. 황사가 짙게 끼어 있을 테니 출근시간을 조금 앞당겨 출발한다. 야외에서 하는 텃밭 작업도 줄이고, 점심시간 자전거 타는 것도 포기한다. 오랜만에 책을 펼친다.

'어, 이게 뭐지? 안경에 뭐가 묻어 있나?'

눈앞에 검은 점과 함께 거미줄이 눈동자를 따라 움직인다. 안경을 닦아도 마찬가지다. 녹색 창에 물어보니 '비문증'이란다. 비문증은 눈의 유리체에 있던 신경조직이 떨어져 나가 자유로이 떠다니는 것이라고 했다. 50~60대에 흔히 나타나는 증상으로 눈이 노화되는 과정이다. 우리 집은 모두 안경을 쓰고 있다. 눈 관리가 필요하다.

풀약 안 했어?

텃밭을 둘러보니 벌써 담 주위로 사위질빵이 손을 뻗어 있다. 바랭이, 질경이, 애기똥풀이 담 밑을 차지했다. 파란 작은 솥뚜껑을 펼치고 있는 봄까치꽃, 춤추는 광대나물, 초록 풀밭에 쏟아진 하얀 별꽃이 텃밭을 덮고 있다. 봄꽃들을 보니 한없이 행복했다. 금손할머니가 다른 친구분과 함께 텃밭에 오셨다.

"아직 풀약을 안 했네? 사위가 당뇨병이 있는데, TV에서 돼지감자가 당뇨병에 좋다고 하데. 혹시 저번에 돼지감자 있던데 캐가도 될까?"

"그럼요. 제가 캐서 드릴게요."

잡초밭을 만들었다고 야단 들을까 걱정했는데 의외의 말에 힘차게 돼지감자를 캤다. 싹이 올라와서 그런지 덩이뿌리는 보이지 않고 실뿌리만 나왔다.

"어르신, 아직 뿌리가 안 찾네요. 가을에 캐야 하나 봐요."
"그려, 그래도 텃밭을 해묵으려면 풀을 없애야 해. 내가 풀약 줄까?"
"아니요, 제가 어떻게 해볼게요."

말은 그렇게 했지만 일일이 풀을 뽑자니 돌아서면 다시 일어서는 잡초를 감당할 자신이 없었다. 가족의 먹을거리인데 농약을 할 수는 없는 노릇이다. 풀과 경쟁할 수 있는 다른 작물을 심어 작업면적을 줄여야겠다.

길 건너편에 목사동면사무소가 있다. 면장님은 곡성에서 나고 자랐다. 아시는 것도 많고 뭐든 해결해주는 분이라고 들었다. 나는 비타민 영양제를 정성스럽게 포장해서 선물했다. 면장님은 농업기술센터에서 발행한 농사달력과 2년간 농사를 기록할 수 있는 작업일지를 답례로 주며 틈나는 대로 돕겠다고 했다. 결명자는 뿌리기만 하면 손 볼 필요 없이 잘 자란다며 담장 주위로 뿌려두면 풀이 덜 자랄 거라고 귀띔해주셨다.

잡초 대신 너를

결명자는 콩과의 한해살이풀인 결명(決明)의 씨앗을 말한다. 이름 자체가 눈을 맑게 해준다는 뜻이 있어 눈 건강에 탁월하다. 옛날 난로 위에는 팔팔 끓는 주전자가 있었다. 화부차라고 먹던 게 결명자차였다. 어른들이 왜 그렇게 결명자차를 많이 마셨는지 이해가 되었다.

얼마 전 '음식으로 병을 치료한다'는 강의가 있었다. 강사님이 안경을 쓰고 얼굴이 하얀 나를 보고 하던 말이 생각났다. 눈과 간이 안 좋으니 결명자차를 꾸준히 복용하라고 했다. 결명자가 익으면 안과의사가 싫어하겠는 걸.

다음날 면장님이 검정비닐봉지를 들고 텃밭에 오셨다. 시중에 파는 것들은 대부분 중국산이 많다며 결명자 씨앗을 주셨다. 마름모꼴 작은 갈색의 결명자가 내 손에서 보석같이 반짝였다. 호미로 심을 필요 없이 뿌려주면 잘 자란다고 했다. 담장 주변에 결명자를 뿌린 후 잊고 있었다.

'싹이 나왔네. 작년에 심은 콩이 나왔나?'

담장 아래 빈 곳에 옥수수 씨앗을 심는데 초록 잎이 보였다. 결명자가 바람에 쓸려 한쪽에 뭉텅이로 자라고 있었다. 뽑고 또 뽑아도 너무 많았다. 먼저 나와 예쁘다고 두었더니, 결명자가 텃밭을 점령해 다른 작물을 심을 수가 없었다. 몇 개만 남기고 뽑아내야 했다. 결명자 한 그루에 10개 이상의 가지가 나왔다. 가지마다 주렁주렁 꼬투리가 매달렸다. 꼬투리 속에는 작은 결명자가 30알정도 들어 있어 그 양이 엄청났다.

눈이 반짝반짝 빛나

하루는 면장님이 빨간 양파망을 가지고 오셨다. 결명자를 수확할 때 필요한 것이라 했다. 꼬투리가 황갈색으로 변하면서 통통해지면 따서 양파망에 담아 말리면 좋다고 했다.

결명자가 너무 많아 일일이 꼬투리를 딸 수 없었다. 팥이나 콩은 익으면 꼬투리가 벌어지며 다 튄다. 결명자는 말라도 씨앗을 꼭 감싸고 좀처럼 꼬투리를 열어주지 않았다. 하나하나 엄지손톱으로 골을 파고 옆을 벌려 꺼내다 보니 시간이 오래 걸렸다.

나중에는 줄기째 양파망에 담아 마당에 널었다. 시간이 나는 대로 발로 지근지근 밟고, 트위스트를 추면서 몸살을 쳤다. 어느 정도 껍질이 벗겨지면 양파망째 바람에 털어 검불을 걷어냈다. 나머지는 손으로 조금씩 껍질을 벗겼다. 양파망의 쓰임을 다시 한 번 확인했다.

벗겨진 결명자는 물에 씻은 다음 말리고 팬에서 볶아 차로 끓였다. 노동의 대가라 그런지 어렸을 때 먹었던 맛과는 비교할 수 없이 달았다. 예전에는 구수한 보리차에 비해 결명자는 쓴맛이 나서 싫었다. 지금은 결명자차를 먼저 찾는다.

기관장 모임이 끝나고 우체국에서 결명자차를 함께 마셨다. 면장님은 콧등에 땀이 난다며 좋은 차라 칭찬하셨다. 농협지점장은 결명자가 간 해독 기능이 탁월해 술 먹은 다음 날 먹으면 속이 편안해진다며 좀 나눠달라고 하셨다. 교장선생님도 눈에는 결명자보다 더 좋은 게 없다며 엄지손가락을 세우셨다. 신나게 면사무소, 학교, 농협, 보건소 등 원하시는 분들께 나눠드렸다. 그래서인지 목사동사람들은 눈이 반짝반짝 빛나고 안경을 쓴 사람을 보기 힘들다.

보고 또 본다고 해서 봄이란다. 산수유, 매화, 목련 등 눈으로 꽃을 보며 봄이 왔다고 말한다. 얼굴의 중심은 눈동자다. 막 태어난 아이들은 티끌 없이 맑고 까만 눈동자를 가지고 있다. 어른이 되면서 많이 쓰고 나쁜 걸 많이 봐 탁해지고 점점 기능이 노화된다. 눈이 성치 않으면 보는 걸 그리고, 그린 걸 다시 보는 진정한 봄을 느끼지는 못할 것이다. 눈의 소중함을 깨달으며 지금부터라도 눈에 좋은 음식을 부지런히 먹어야겠다. 오늘은 어떤 차를 드릴까요?

토란, 스님을 닮다

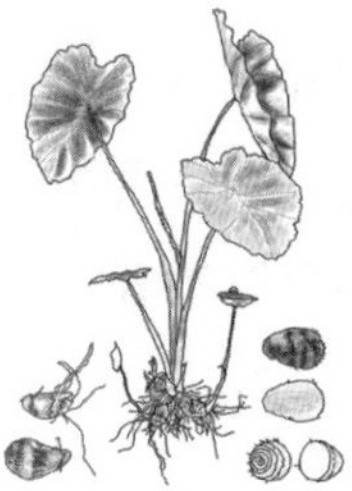

금손할머니 집 텃밭 구경을 나섰다. 조금씩 굵은 비가 한두 방울 떨어지더니, 갑자기 양동이로 퍼붓듯이 쏟아졌다. 재빨리 비를 피해 처마 밑으로 들어갔다. 수돗가 근처에 커다란 토란잎이 또르르 빗방울을 비워내고 있었다. 토란의 큰 잎으로 가면을 만들고, 우산처럼 가지고 놀던 추억이 떠올랐다.

토란이 뭐야?

밭에서 자라는 연이라고 토련이라 불렀다. 우리가 먹는 알토란은 뿌리가 아니고 땅속에서 자라는 줄기다. 토란대는 줄기가 아니고 잎을 매달고 있는 잎자루인 것이다. 토란잎이 큰 이유는 뭘까?

잎은 햇빛을 받아 광합성을 하여 양분을 생산하는 중요한 역할을 한다. 다른 식물들은 작은 잎을 여러 장 매달아 다양한 각도의 빛을 모은다. 토란은 커다란 잎 한 장으로 줄기를 키우는 것이다. 줄기에는 어미 토란이 있고, 토란 주변에 자식 토란이 달린다. 그 옆에 손자 토란까지 생겨난다. 하나의 줄기에 삼대를 다 키워야 하니 잎이 당연히 클 수밖에 없는 노릇이다.

잎이 너무 강한 빛을 받으면 말라죽을 것만 같다. 장맛비처럼 많은 비를 맞으면 녹아버려 생명을 다할 것이다. 토란의 조상이 열대 우림에 살았던 걸 고려하면 줄기를 키워 잎을 많이 매달아도 다른 나무들과 경쟁할 수 없다. 토란은 잎을 키워 나무 사이로 들어오는 빛을 받고, 줄기는 땅속으로 들어가 에너지를 절약하는 방법을 택한 것이다.

토란의 지혜를 아는가?

심장 모양의 넓은 잎으로 햇빛을 모아 긴 잎자루에 수분을 저장한다. 잎 표면엔 밀랍 성분이 있어 물방울이 잎에 스며들지 못하도록 튕겨내어 조절한다.

장마철에는 깊이 잘려 들어간 듯한 것도 있고, 찢어진 잎도 보인다. 이는 아포토시스(apoptosis)라고 세포가 스스로 잎의 일부를 찢어 빗물을 흘려보내기 위한 토란의 생존법이다. 올챙이가 개구리로 변할 때 꼬리가 없어지는 현상이나, 태아의 손가락 사이에 있던 세포가 떨어져 나가 손가락을 형성하는 이유와 같다.

찢어진 토란잎은 관엽식물 몬스테라를 닮았다. 곡성에 있는 카페에 토란 화분이 창가에 가지런히 놓였다. 벼를 심은 논이 한눈에 보이는 자리다. 주식의 자리를 벼에 내준 게 아쉬웠을까? 화분 속에서 크지 않고 그대로 있다. 옛날에는 칠석날 토란잎에 고인 물방울로 먹을 갈아 글을 쓰면 필체가 좋아진다고 했다. 나도 한번 해봐야겠다. 토란이 품은 흥미로운 이야기들이 글로 나올 것만 같다.

검정치마는 싫어

텃밭을 만들고 먼저 땅에 심을 수 있는 걸 찾았다. 지역 장날에 가면 가장 땅에 알맞은 작물을 구할 수 있다는 면장님 말씀이 떠올랐다. 할머니가 장터 구석에 쭈그리고 앉아 파는 토란이 눈에 들어왔다. 한 바가지에 5천원만 달라고 했다. 메추리알보다 좀 더 큰 초란정도 크기에 끝에는 하얀색 싹이 살짝 고개를 내밀고 있었다. 바로 심으면 줄기가 나오고 잎이 나올 것 같았다.

"토란하면 곡성 이제. 곡성에서는 토란을 심어야 해."

"토란은 어떻게 먹어요?"

"토란탕으로 끓이고, 줄기는 벗겨서 육개장에 넣고, 어린잎은 나물로 먹지."

"토란은 어디에 심으면 좋아요?"

"토란은 물을 좋아하닝께 진땅이 좋아. 여기 보이는 하얀 것이 씨눈인데 이것이 위로 가게 심으면 돼."

텃밭의 낮은 곳에 세 개의 두둑을 높이 만들었다. 땅에 돌이 많아 고르지 못하고 울퉁불퉁하다. 한쪽에 삽으로 흙을 덮어 고정하고 비닐을 땅에 바짝 대어 평평하게 유지하면서 풀어냈다. 그 위에 삽으로 흙을 조금씩 끼얹고 마지막은 큰 삽으로 한 삽씩 떠서 반대쪽을 고정한 후 삽으로 툭툭 쳐서 잘라냈다.

돌이 골라지지 않은 거친 땅에 얇은 비닐을 펼쳤으니 어떻게 되었겠는가. 비닐은 여기저기 상처가 나고 구멍이 뚫려 있어 모양만

멀칭한 모습이었다. 작은 바람에도 요란한 소리를 내며 펄럭였다.

먼저 호미로 토란 심을 구멍을 뚫었다. 호밋자루 간격으로 한 줄로 심는데 토란이 많이 남았다. 다시 좌우로 간격을 좁히고 사이를 비켜서 두 줄로 심었다. 처음에 잘못 뚫은 구멍은 흙으로 메웠다.

한 달이 지나자 연노랑 싹이 뾰족하게 나왔다. 일주일이 지난 5월 말이 되자 말린 잎이 펴지며 손바닥만 한 잎이 보였다. 6주 만에 나타난 잎은 경이로웠다. 처음으로 씨앗을 심어 텃밭에서 올라온 작물이기에 더욱 그랬다.

금손할머니가 토란은 늦게 올라오니 중간에 상추나 쑥갓을 이식해서 심으면 좋다고 했다. 멀칭을 한 상태이고 지그재그로 심은 토란이라 어디에서 싹이 나올지 몰라 그냥 두었다. 8월 말이 되자 옆에 또 다른 싹이 구부리고 올라오기 시작했다. 아들 토란이 생긴 것이다. 서둘러 소리만 요란했던 검정치마를 걷어냈다. 토란은 초기에 잡초를 제거하면, 그 뒤로는 잎이 커서 밑에 잡초가 잘 자라지 않는다. 잎자루가 새롭게 자라 여러 개가 퍼지므로 멀칭을 하지 않는 게 옳은 방법이다.

원 대만 남기고 작게 자란 토란대는 잘라 껍질을 벗겨 말렸다. 라텍스장갑을 끼지 않으면 손이 가렵고, 손톱에 검정 물이 들어 식초에 씻어도 잘 빠지지 않는다. 우체국에서 고객들과 면담하며 차를 내야 하므로 청결이 중요하다. 초록 토란대는 껍질을 벗기면 하얀 토란대가 되고, 햇볕에 말리니 연갈색 토란대가 되었다. 오리탕이나 육개장에 들어가면 붉은 토란대도 될 것이다. 변신을 거듭하면서 자연의 이야기를 품은 토란대의 맛은 정말 환상적이다.

나는야 흑백요리사

'먹을 수 있어 좋구나.' 대하소설 『불멸의 이순신』에 나오는 대목이다. 전쟁 중에는 농사를 지을 수 없어 먹을 것이 부족했다. 토란은 구황작물로 큰 역할을 했다. 추석이면 평소 먹지 않던 기름진 음식을 많이 먹어 배탈이 나기 쉽다. 미끈거리며 찌꺼기를 쑥쑥 밀어내어 소화가 잘 되게 장을 달래주는 토란국을 먹었다. 조상의 지혜를 엿볼 수 있다.

농촌중심지활성화사업 일환으로 마을 PD 영상 촬영 교육이 있었다. 직접 구성, 촬영, 편집까지 하는 실습 교육이다. TV에서 흑백요리사가 방영되고 있었다. 곡성 특산품인 토란을 활용한 토란요리 경연대회를 하기로 했다.

"토란이 주가 되는 음식으로 요리 전체가 하얀색이니 제가 백을 할게요."

"무슨 소리요. 오늘을 위해 하얀색 옷으로 맞춰 입고 왔는데 제가 백이죠."

"네. 편하실 대로 하세요. 뭐가 중한가요. 음식이 중하지."

"그럼 정해졌으니 음식 소개를 해주세요."

"우리가 준비한 음식은 토란 갈비찜과 구수한 토란 된장국입니다."

"우리는 토란 조밥과 토란 전을 준비했습니다."

"토란으로 만들어진 밥 한상차림을 받을 수 있겠네요. 기대됩니다."

"먼저 석곡에서 나는 백세미를 씻어줄게요. 이때 쌀뜨물은 남겨두세요. 토란을 삶을 때 쓰면 미끈거리는 것과 아린 맛을 줄일 수 있습니다."

"누룽지 맛이 나는 백세미 좋은데요!"

"우린 곡성의 흑돼지로 갈비찜을 할 건데, 잡내와 핏물을 제거하기 위해 미리 물에 담가두었습니다."

"토란은 분자가 작아 점성이 강해요. 찹쌀가루를 넣어 함께 전을 부치면 고소하고 담백하여 한 끼 식사대용으로 좋답니다."

"고추장이 들어간 붉은 갈비찜은 왕성한 식욕을 불러 과식하게 되죠. 토란이 느끼함을 잡아주고 소화를 촉진해 많이 먹어도 부담이 없어요."

"조가 까슬거려 목에 걸린다고 싫어하신 분들이 많죠? 토란과 함께 밥을 지으면 매끄럽게 술술 잘 넘어가고 밥도 찰지고 좋아요."

"토란에는 피로감이나 불면증을 해소하는 천연 멜라토닌이 들어있어 토란 된장국을 먹으면 배가 든든하고 잠이 잘 온답니다."

"어떻게 판가름을 낼 수가 없네요. 모두 잘난 토란이 장원입니다."

지난 시간에 즉석에서 결정한 흑백요리사 설정이었는데 배우가 따로 없다. 처음부터 신경전을 펼치며 흥미를 끌었다. 촬영하는 스텝까지 함께 공부하는 아마추어들이다. 풀 카메라를 찍는 호빵님, 근접촬영을 하는 감독님, 시식단 및 평가를 하는 엔돌핀님과 자연인님, 요리를 하는 흑요리사 정이, 따또님, 백요리사 동글님과 쟈스민님 모두 정성을 다했다. 비록 우리들만 보고 끝나는 것이었지만 이날의 경험은 오래 간직될 것이다.

토란, 스님을 닮다

심장처럼 생긴 잎도, 넓은 잎으로 줄기를 키우는 것도, 거친 갈색 껍질을 두르고 있는 것도, 껍질을 벗고 나오는 반질반질하고 동그란 머리도, 무색무취 향이 없는 순수함도, 비워야 채울 수 있다는 욕심 없는 마음도 닮았다.

텃밭을 가꾸면서 자연스럽게 작물에 애정과 관심을 쏟는다. 무엇에든 관심이 가면 당연하게 의인화하고 가족으로 삼는 버릇이 있다. 키우는 동안 토란은 내게 스승 같은 존재였다. 토란은 기대는 것도 없이 꼿꼿하게 서서 비와 바람을 맞는다. 자신을 스스로 희생해가며 자식과 손자를 키운다.

중국 황제의 요청에도 굴하지 않고 눈물 콧물 범벅으로 토란을 굽던 나찬선사 이야기가 있다. 토란으로 벽돌을 만들어 쌓아두었다가 후일 기근이 왔을 때 굶주림을 해결한 각조산스님 이야기도 있다. 토란은 수행자의 꼿꼿함을 닮았다.

목사동면에는 대한불교조계종 천태암이 있다. 예전에는 18개의 절이 있었지만, 지금은 이곳 하나만 남았다. 천태암은 665년 혜암율사가 창건한 사찰이다. 보조국사 지눌이 고려 불교를 개혁하기 위해 송광사를 중창하면서 머물렀던 곳으로 조계종의 시작점인 것이다.

극락보전 뒤편에는 십육나한을 모신 석굴법당이 있다. 지눌을 모함하고 제거하기 위해 몰려오는 무리를 나한들이 나뭇잎을 돌로 바꾸어 물리쳤다는 전설이 있다. 그 결과 지눌은 송광사 중창을 성공리에 마무리하고 정혜결사를 완성할 수 있었다. 지금도 여러 군데 있는 돌너덜이 그 흔적일지도 모른다. 아미산과 천태암이라는 이름도 지눌이 송광사로 가면서 중국의 유명한 불교 성지 이름을 따서 지은 것이다.

주지 스님이 점심시간에 우체국에 오셨다. 올해 나온 송이버섯을 맛보라며 두 송이를 가져왔다. 텃밭에 있는 수돗가 옆 쉼터에서 라면에 넣어 먹었다. 송이 향을 품은 라면은 토란잎에 물방울이 구르듯 몸속 이곳저곳을 여행하며 저절로 소리치게 했다.

"와 최고다."

곡성은 골짜기가 많은 지역이라 버섯이 많이 난다. 자연산 능이와 송이의 맛을 알게 해준 것도 스님이었다. 능이와 송이가 서로 일등이라고 다툼한다. 송이가 당당하게 고개를 들며 먼저 말했다.

"난 남자야, 힘의 상징이지. 꼿꼿이 세우고 위만 보고 살아. 내 향에 사람이 몰려오고, 속살까지 하얗게 빛이 나는 단독 주인공이야!"

능이가 고개를 숙이고 조용히 말했다.

"난 여자야, 뱀처럼 똬리 틀고 모든 것을 품에 담아. 흙향기, 풀향기, 꽃향기, 나무향기를 한데 모아 사람들을 녹이지. 속 태워 까만 먹물로 주변을 빛내주는 내가 조연일까?"

옆에서 듣고 있던 표고가 한마디 했다.

“사람들은 나를 제일 많이 먹어. 늘 가까이 있으면서 사랑받는 내가 최고지.”

서열이 정해졌다. 일 표고, 이 능이, 삼 송이로. 옆에서 듣고 있던 토란은 그냥 웃고만 있다. 뭐가 중한디.

“뭐하신가? 지금 진달래가 활짝 피어 기다리고 있네. 쉬어가며 일하소.”

주지 스님이 꽃소식을 알려왔다. 지난겨울, 진달래가 피면 김밥에 화전 먹으며 꽃구경하자고 했었다. 매일 업무가 끝나면 재봉, 그림, 글쓰기, 마을문화 활동가 교육을 받는다고 건물 속에 갇혀 지내는 나를 밖으로 탈출시켜주신 것이다. 오후 시간을 비우고 천태암으로 갔다.

스님의 발길을 따라 아미산 허리에 있는 명상길을 걸었다. 오래전 방송중계소 진입로였던 이 길은 자동차도 지나다닐 정도로 편평했다. 연분홍 진달래가 허리 높이로 무리를 지어 피어 있었다. 진달래는 아무것도 걸치지 않은 가느다란 몸을 드러내며 흔들거렸다. 바람에 장단을 맞춰 춤을 추며 반겨주었다. 나도 둘렀던 스카프를 두 팔에 걸고 바람을 느꼈다. 나풀나풀 춤추는 꽃이 되었다.

명상길이 꿈틀거리며 잠자는 취나물을 불러냈다. 코끝에 톡 쏘는 취의 향이 머리를 하얗게 비워주었다. 중간 중간 의자가 되어준 돌에 앉아 가져온 김밥을 먹고 지는 노을을 바라보았다. 발아래로 대황강 물길, 논길, 꽃길, 구름길, 고속도로, 사람이 가는 길, 모든 길이다 있다. 그 속에 작은 나의 길이 합류했다. '지금 곁에 있는 사람이 가장 소중한 사람이다.' 스님의 차실에 걸려 있는 문구다. 봄이 춤추는 하루였다.

토란은 모나지 않고 모든 음식과 둥글게 잘 어울린다. 살아내기에 급급했던 과거와 지금을 생각한다. 뭐가 힘들다고 그토록 각을 세우며 살았을까? 비어 있는 것처럼 보이는 허공 한 줌 속에도 수많은 감정과 집념이 들어 있다. 나는 얼마나 많은 걸 움켜쥔 채 살아왔던 걸까. 움켜줬던 손을 펼 때가 됐다. 많은 게 내 안에 들어왔다. 비워야 비로소 채워지는 걸 다시금 느꼈다.

2부

손, 짓는다

대황강사람들

오십이 되면서 몸과 마음이 지친 나는 도시를 버리고 곡성으로 근무지를 옮겼다. 처음 목사동에서 근무하다 석곡을 지나 지금은 곡성우체국에 있다. 대황강을 따라 나의 곡성 길도 움직이는 것 같다.

곡성에서 새로운 가족을 만났다. 곶감으로 만들면 맛있다는 월하시를 한가득 주고 가는 면장님, 한여름 찜통 속에 호박이 열렸다며 애호박찌개를 만들어 먹으라고 주시는 박사님과 사모님, 생활가구를 직접 만들어 사용할 수 있게 목공의 신세계를 열어준 버드나무쌤. 좋은 것을 보면 나를 생각하고 먹이고 싶어 하는 가족이다. 덕분에 7kg이 넘는 살이 몸에 붙어 둔하지만, 그것도 너그러워 보여 좋단다.

우체국 텃밭에 가려면 목사동천을 사이에 두고 왕버들 가로수길을 지나야 한다. 물가에 초록 잎을 담그며 봄에는 버들강아지꽃이 피고, 시원한 그늘까지 제공한다. 버드나무 껍질은 해열이나 진통에 효과가 크다. 지금까지 제약회사의 로고로 사용될 정도다.

목사동면에는 한울고등학교가 있다. 인성을 중시하는 대안교육 특성화고등학교이다. 학생 수 58명에 교직원은 19명이다. 일반교과보다 체험활동 위주의 교육이 많다. 이곳에 도자기, 목공, 토탈공예, 바리스타 등 주민들과 함께 어울리는 다해봄센터가 있다.

다해봄센터 목공수업에서 버드나무 같은 목공쌤을 만났다. 성이 류씨인 쌤은 크게 소리치는 일 없이 나긋나긋 조용히 말하신다. 드릴, 샌딩기 등 전동기기를 다룰 때 소리 없이 다가와 이곳저곳 먼저 보살펴주신다.

버드나무는 가볍고 뒤틀림이나 옹이가 작아 정교한 가구나 목세공품 제작에 사용한다. 영화 「해리포터」 시리즈에 등장하는 마법지팡이 재료가 버드나무이며, 호그와트에 있는 움직이는 나무도 버드나무다.

2022년 베이징동계올림픽 폐막식 때 버드나무를 모티브로 한 공연을 보았다. 버드나무 류(柳)자가 머물 류(留)자와 음이 같아 떠남을 아쉬워하고 다시 만날 것을 의미했기 때문이다. 지금은 광주 석곡동에서 버드나무쌤과 함께 텃밭을 짓고 있다.

우체국에서 주암으로 가는 18번 국도를 따라 10분을 가면 신전마을이 있다. 주변에 신전제라는 저수지와 목사동배 주산지가 있다. 이곳에 노박사님 부부가 살고 계신다. 안산에서 생활하시다 '신전'과 '아미산'이라는 이름만 보고 곡성으로 내려와 생활터전을 잡으신 분들이다.

흙과 바람과 물의 기운이 좋은 신전마을에 공장을 짓고 회사를 옮겼다. 절실한 불교신자이신 두 분은 직접 약초를 재배하고 보고 느끼며 절과 가까운 곳에서 복을 짓고 계신다.

면사무소에서 차로 10분 거리에 있는 죽정보건진료소를 지나 희아산을 보고 꼬불꼬불 10분을 달리면 닭재마을에 도착한다. 이 마을은 목사동에서 막다른 오지마을로 산을 넘으면 순천시 월등면이다. 이곳에 두릅을 키우는 춘자언니가 산다. 홍자매로 통하는 춘자언니와 여동생은 재주가 많다. 장구, 난타, 노래를 잘해 각종 경연대회에서 상을 받곤 했다. 마을공동체를 대표하여 성공사례를 발표하는 등 모든 일에 적극적으로 참여하여 두터운 신임을 받고 있다.

면장님과 복지팀장, 박사님 부부와 홍자매와 함께 다해봄센터에서 버드나무쌤에게 목공을 배웠다. 매주 목요일 오후는 이들과 보냈다. 나무를 만지면서 따뜻함과 부드러움을 나누었다. 나무가 책상과 의자, 수납장으로 새롭게 탄생하듯 나도 다시 태어났다.

대황강의 힘일까? 곡성에서는 새로운 일을 해도 두렵지 않았다. 오십이 넘어 자전거를 배웠다. 점심시간에는 목사동에서 죽곡 출렁다리까지 한 시간 동안 나무 그늘 속을 달렸다. 새소리, 물소리, 바람소리, 꽃피는 소리, 싹트는 소리, 쫘르르 바람을 가르는 소리, 모든 사랑의 소리가 아지랑이 피어오르듯 일렁였다.

석곡에서는 대황강자연휴식공원에서 주암 대나무산장까지 대황강을 따라 조성된 꽃길을 달렸다. 벚꽃, 철쭉, 작약, 수국, 양귀비, 코스모스 등 계절마다 달리 피어 행복했다. 두 다리로만 걸었던 험난한 길, 이제는 자전거 두 바퀴에 힘을 의지해 좀 더 둥글게 살고자 다짐했다. 지치고 힘들 때 자전거를 타고 대황강을 달렸다.

'가는 곳마다 주인 되어, 하는 일마다 참되시길. 함께한 날들 그리며 항상 웃으라.'

스님 말씀이 메아리쳐 들려왔다.

상추와 쑥갓, 오감을 먹는다

노인 일자리

아침 출근길에 보았다. 형광조끼를 입은 할머니들이 쭈그리고 앉아 호미로 도로 옆 풀을 뽑고 있었다. 작업반장은 호루라기를 불고 빨간색 봉을 흔들며 지시를 했다. 할머니들의 구부러진 등 위에 아침햇살이 뜨겁게 내리쬐고 있었다. 옆에 복지팀장의 모습도 보였다.

정부의 일자리 창출 정책에 따라 지자체마다 노인 일자리가 적지 않다. 대부분 공용부지 잡초 제거, 공공건물 청소, 도로 쓰레기 줍기 등이다. 어르신들은 정당한 노동의 대가로 돈이 생기니 좋다고 하신다. 뙤약볕이나 위험한 도로에 노출되는 경우도 있다. 어르신들이 할 수 있는 일이 이것뿐일까? 신명나게 할 수 있는 일은 없을까?

텃밭에서 상추 몇 장 뜯어 쓱쓱 버무려 겉절이를 만들어주시던 할머니의 손맛을 잊지 못한다. 손수 옷을 만들어 입으셨다는 할머니들의 바느질 솜씨를 바탕으로 일자리를 창출하면 좋을 텐데.

면마다 무료급식으로 대형 캐터링업체의 가공음식이 제공되는데, 맛은 둘째 치더라도 따뜻함이 없다. 마을마다 공동텃밭을 만들고 직접 키운 농작물로 음식을 만들어 먹으면 훨씬 풍요롭지 않을까.

마을마다 혼자 사는 독거노인들이 많다. 말할 사람이 그리워 노인정에서 온종일 놀고 집은 저녁에 잠만 자는 곳이다. 생활공동체를 만들어 함께 거주하는 것도 방법이 아닐까.

호미가 필요해

텃밭 농사는 풀과의 싸움이라고 해도 과언이 아니다. 풀은 영리해서 작물과 비슷한 모양으로 자라며 주변의 영양분을 빼앗는다. 풀을 제거하지 않으면 작물은 성장할 수 없다. 쪼그리고 앉아 힘들게 호미로 하나씩 뽑아내야 한다. 자연스럽게 텃밭 농사의 90% 이상은 여자의 몫이 되었다.

호미는 그 쓰임새가 다양하다. 풀을 뽑을 때, 씨앗을 심을 때, 북돋움 할 때 모두 호미를 사용한다. 대부분 사용하는 밭 호미는 손잡이가 짧고 목이 길며 살짝 휘어져 있다. 호미 끝은 삼각형을 거꾸로 세운 모양으로 날카로워 깊이 박혀 있는 뿌리를 콕콕 찍어 캐낼 수 있다. 끝이 두 개인 양귀호미는 풀을 긁고 흙을 북돋워주는데 주로 쓰인다.

노인 일자리에서 호미를 제공하지만 할머니들은 자신의 손에 익은 호미를 들고 오신다. 얼마나 많이 쓰셨으면 손잡이는 닳아서 뭉툭해지고 끝만 하얗게 반질거린다. 할머니들의 땀과 눈물이 호미 끝에 매달려 있다. 한과 추억이 바로 노래가 되어 나올 듯하다.

텃밭을 만들었으니 작물을 심어야 한다. 농사 경험이 없는 나는 우체국에 오시는 고객들에게 텃밭을 보여주며 도움을 요청했다. 퇴비가 부족하다며 금손할머니가 심청퇴비를 두 포대나 주셨다. 마스크를 쓰고 신나게 텃밭에 뿌렸다. 긍정과 밝음의 아이콘인 복지팀장이 왔다.

"무슨 똥 냄새가 이렇게 많이 난대? 퇴비를 뿌렸으면 흙으로 덮어줘야 냄새가 덜 나겠구만. 에고, 퇴비 두 포대 가지고 되겠어요? 내가 지인께 부탁해볼게요."

다음날 복지팀장의 부탁으로 왔다며, 이장님이 퇴비를 1톤 자루에 한가득 담아 지게차로 실어다주셨다. 직접 농장에서 나오는 소똥에 황토와 볏짚을 넣어 일 년 이상 묵혀 만든 좋은 퇴비라고 했다. 양이 너무 많아 어른 네 명이 들고 창고로 옮겨야 했다. 소똥퇴비는 냄새가 거의 없고, 작물을 심고 난 후에 뿌려줘도 가스가 발생하지 않아 괜찮았다. 이장님 덕분에 퇴비 걱정 없이 텃밭 농사를 할 수 있었다.

울타리 아래 텃밭에 상추를 심었는데
이리저리 뻗은 잎 꽤 많이 따먹었네
뉘 알까, 더 있으면 빗자루인 양 높이 자라
떨기를 따고 나면 작은 국화 되는 것을
상춧잎 열 몇 쌈을 맛있게 먹었으니

난간 위로 거여목 웃자라게 말아야 해
오이와 보리 맛은 예전과 꼭 같은데
궁궐에서 반사하신 준치만 빠졌구나

박제가, 「여차잡절 13수」 부분

상추는 이집트 피라미드의 벽화에 최초의 기록이 있듯 동서고금을 막론하고 사랑을 받아온 작물이다. 우리나라에는 삼국시대 때 들어왔다. 원나라에 강제로 보내져 궁녀가 된 고려 여인들이 고향에 대한 그리움과 한을 상추를 심어 먹으며 달랬다고 한다. 종자가 비싸다고 하여 '천금채'라 불렀고, 상추쌈을 '와거포'라 했다. 박제가의 시를 보면, 조선시대 선비들도 상추쌈을 먹었다. 어쩜 상추의 생태를 저토록 잘 표현했을까! 직접 기르지 않고서는 알 수 없다.

상추를 키우기 위해 텃밭을 가꾼다고 할 정도로 텃밭의 감초이다. 고대 로마인들이 즐겨 먹어 붙여진 로메인상추와 한 장씩 뜯어 먹는 적치마상추, 곡성에서 알게 된 통째로 먹는 아삭한 담배상추를 심었다.

줄기를 자르면 우유 같은 끈적이는 즙이 나온다. 락투카리움이란 성분으로 수면·진정·최면 효과가 있다. 사람에겐 해롭지 않지만 다른 동물이나 해충에겐 독성 물질로 알려졌다. 옛날에는 장독대 주변에 상추를 심어 뱀의 침입을 막았다. 상추는 수험생의 금기식품이다. 저녁에 먹으면 잠이 밀려와서 공부에 방해가 되기 때문이다.

꽃이 된 쑥갓

잎과 줄기의 생김새가 '쑥과 같다'하여 붙여진 쑥갓은 국화과의 한해살이풀이다. 칼륨이 풍부한 쑥갓은 풍미가 있어 생선찌개 등 각종 요리에 빠지지 않는다. 부드러운 쑥갓을 솎아 된장에 무쳐 먹으면 고기 맛이 난다.

독특한 향으로 벌레가 덜 온다고 하여 상추 옆에 쑥갓을 뿌렸다. 씨앗이 너무 작아 하나하나 심지 못하고 봉지째 뿌렸다. 가벼운 씨는 바람에 날아가 뭉텅이로 가늘고 길게 자랐다. 면장님이 텃밭에 오셨다.

"워매, 이게 뭐요? 이런 쑥갓은 처음 봅니다. 작은 씨앗은 모래에 섞어 같이 뿌려주어야 하는데 한꺼번에 쏟아 부었구먼요. 그냥 낫으로 머리를 싹둑 잘라서 나물로 무쳐 드시오."

어쩌겠는가? 한번 벌어진 일 되돌릴 수 없는 노릇이었다. 조금 떨어져 있던 쑥갓에서는 몇 개가 튼실하게 올라왔다. 쑥갓은 한두 개만 있어도 머리를 꺾어주면 그 자리에 곁가지로 또 자라나 오래도록 먹을 수 있다. 뭉텅이로 자란 쑥갓도 잘렸던 곳에서 다시 났지만, 그리 실하진 않았다. 가늘디가늘어 바람에 휘청거리더니 바로 꽃망울을 맺었다.

쑥갓꽃이 얼마나 예쁜지 정말 반했다. 연노랑 예쁜 꽃을 한 다발로 만들어 면장님 책상에 꽂아 드렸다. 이리저리 뒹굴던 서류를 밀쳐내고 활짝 웃으며 달달한 배즙을 주었다.

상추쌈에는 쑥갓을 얹어 싸 먹어야 제격이다. 입맛 없고 우울할 때는 쑥갓 한 줄기 얹은 상추쌈을 먹는다. 입을 크게 벌리고 볼이 터지게 우걱우걱 씹어 먹자. 자연스럽게 커지는 눈에 웃음이 나고 기분이 좋아진다. 비록 오후에는 꾸벅꾸벅 졸더라도 힘들게 일했으니 쉬는 것도 당연하겠지. 사람은 혼자 살 수 없다. 함께 어우러져 살아야 진짜 맛나게 사는 것이다.

오이와 가지, 보랏빛 꿈

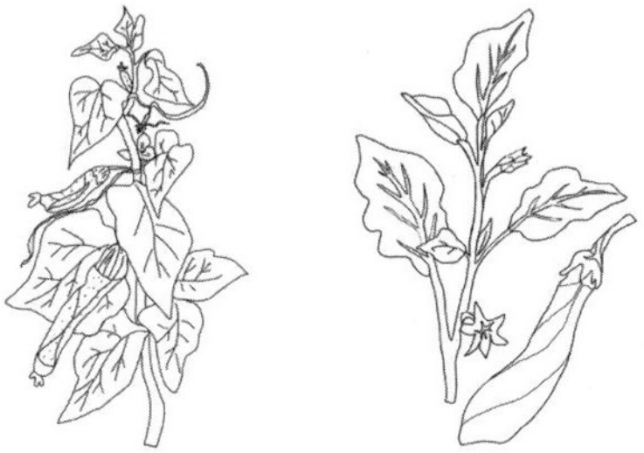

누구에게나 쉬고, 잠을 자고, 양식을 쌓는 곳, 집이 필요하다. 텃밭에서 크는 작물도 자기의 성질에 맞는 방이 필요하다. 물을 좋아하는 식물, 햇빛에 약한 식물, 가지를 넓게 뻗어나가는 식물, 넝쿨을 높이 올라타는 식물 등 종류도 성질도 다양하다. 이를 고려하여 가꾸어야만 튼실하게 자란다.

집을 짓다

봄 가뭄이 길어지던 텃밭에 오랜 갈증을 해소하는 반가운 봄비가 온다는 예보가 떴다. 새벽이지만 근질근질 침대에 누워 있을 수 없다. 고추, 토마토, 가지, 오이는 가지과 식물로 물과 햇빛을 좋아하고 심는 시기도 같다. 한 이랑에 모아 심으면 관리하기 좋다. 이들은 많은 열매를 매달고 키가 큰 편이어서 지주를 필수로 세워야 한다.

가지과 작물들의 집 설계에 들어갔다. 이리저리 들어갈 아이들을 그리며 숫자를 헤아렸다. 자주 돌봐야 하니 텃밭의 왼쪽 앞부분에 심을 예정이다. 호미 기준으로 1줄에 5개씩 3줄을 심을 수 있겠다.

아침 7시에 문을 여는 원예사로 갔다. B4 크기의 모종판에 서로 부대끼며 자라던 100개의 작은 모종들이 고개를 들고 어서 데려가라며 눈짓했다. 오이, 가지, 토마토, 파프리카를 섞어 모종 15개를 샀다.

텃밭 양지바른 남향에 채소 집을 지었다. 3층 사다리 모양 연립주택으로 14가구가 살 수 있다. 1층과 2층은 철로 된 1.2m 지주를 5개씩 10개를 세우고, 2층은 지주 두 개를 연결하여 2m 높이로 4개를 세웠다. 3층에는 담장 위에 대나무 가지를 걸쳐서 지붕을 만들었다.

1층에 노랑, 빨강, 다홍 파프리카 3주와 초록 고추 2주가 자리를 잡았다. 2층에 오이가 양 끝에 2주씩 복층으로 자리하고, 가운데에 보라색 가지 3주가 이사를 왔다.

3층에 방울토마토 네 가족이 입주를 기다리고 있다. 자라면서 타고 올라갈 수 있도록 담에 기대어 대나무를 비스듬히 세워주었다. 제법 그럴싸하게 배치가 잘 되었다. 비바람에 쓰러지지 말고 사이좋게 자라기를!

오이야 미안해

5월은 가정의 달로 챙겨야 할 가족도 많고 할 일도 많지만, 하루 세 시간 이상을 텃밭에서 보내야 했다. 오이의 성장을 고려하지 않고, 호밋자루 간격으로 땅에 옮겨 심고 아침과 저녁으로 물을 주었다. 금손할머니가 완두콩이 여물었다고 밥에 넣어 먹으라며 한 바구니 가지고 오셨다.

"아따, 채소 집을 잘 지었네. 어떻게 알고 대나무를 박았다냐! 근디, 오이는 약해서 쉽게 부러징께 사람이 댕기는 입구 쪽에는 안 심어야 헌디."

오이는 자연 상태에서 덩굴이 5m 이상 성장하기 때문에 간격을 두고 심어야 했다. 통로 쪽에 심은 오이 두 그루를 뽑아 안쪽에 심은 가지와 바꾸고 물을 듬뿍 주었다. 시들시들하더니 결국은 자라지 못하고 고개를 떨구었다. 심으면서 뿌리와 줄기에 상처가 났다. 오이는 네 개 중 두 개만 키울 수 있었다.

오이에 노란 꽃이 피었다. 작은 오이를 주렁주렁 끝에 매달고 있는 모습이 얼마나 기특하고 예쁜지 손뼉을 치며 좋아했다. 며칠 후, 초록빛으로 잘 자라던 오이가 끝이 말라가면서 누렇게 변해갔다.

막 나온 예쁜 꽃을 차마 꺾을 수 없어 그대로 두었더니, 어느 잎이 원줄기인지 아들 줄기인지 알 수 없었다. 잎은 점점 커져 햇빛을 가리고, 무거워진 줄기는 처지면서 잎이 땅에 닿아 균이 옮았다. 잎 표면에 하얀 가루가 뒤덮이는 흰가루병과 누렇게 변하는 노균병이 온 것이다.

"아래 잎을 따주어야 해요. 허리 밑으로 난 잎들은 다 잘라 텃밭에서 먼 곳에 버리세요."

"잎이 있어야 광합성을 하고 열매를 맺지 않나요?"

“꽃을 중심으로 위쪽은 두 개, 아래쪽 잎은 한 개를 남기고 다 없애주세요. 노랗게 변한 잎에는 난황유를 자주 뿌려주면 좀 더 좋아질 거예요.”

노균병과 흰가루병이 온 잎을 다 따고, 긴급 처방으로 기름과 물, 달걀노른자를 섞어 만든 난황유를 뿌렸다. 남은 잎이 몇 개 없고 냄새가 심했던 탓인지 구부러진 오이 몇 개만 얻을 수 있었다. 오이는 꽃이 핀 지 10일째가 가장 맛있다고 한다. 좀 더 크고 많은 오이를 수확하겠다는 욕심이 부른 결과였다.

보랏빛 꿈

가지마다 주렁주렁 가지꽃이 피었다. 텃밭에서 가지는 1~2주만 있어도 이웃까지 나누어 주고도 남는다. 텃밭에 갈 때마다 어린 가지 한 개를 뚝 끊어 먹는다. 진보라색 미끈한 몸매를 가진 가지는 부드럽고 달았다. 한 개로는 부족해 자꾸 먹다보니 입술이 보라색으로 변했다. 영국에선 이를 보고 가지에 독이 있다고 꺼렸다는 소문도 있다.

가지는 텃밭에서 빼놓을 수 없는 작물이다. 보송보송한 털이 덮인 잎에는 진보라색 잎맥이 선명하다. 보라빛 꽃에 노란 꽃술은 한참을 들여다봐도 예쁘고 신기하다. 자기 그림자도 싫어한다고 할 정도로 햇빛을 좋아하는 작물이다.

가지는 폭풍 성장을 한다. 아침엔 작고 날씬하던 게 저녁 무렵에는 통통하게 야물어진다. 아침에 먹은 가지와 저녁에 먹은 가지의 맛이 다르다. 물기가 많은 아침에 수확하면 달고 맛있지만, 저녁에는 씨앗이 생기고 육질이 단단해져 맛이 없다.

아침나절에 작고 어린 가지를 수확하면 나무의 부담이 적어 저녁에 더 많이 달린다. 서리가 내리고도 먹을 수 있다. 일본에서는 '가지와 오이의 만물을 먹으면 수명이 75일 길어진다.'고 할 정도로 인기가 높다. 수분과 향기를 머금은 여름 채소의 싱싱함이 몸에 들어가 수명을 늘린다고 생각한 것이다.

한꺼번에 많이 나오는 가지를 냉장고에 그냥 두었더니 갈색으로 변했다. 냉해를 입었다. 신문지에 싸서 비닐봉지에 넣어 보관해야 오래간다. 가지요리를 시작했다.

가장 흔한 요리는 가지를 살짝 찐 후 손으로 찢어 양념장에 무쳐 먹기다. 너무 많이 찌면 죽이 될 수도 있고, 물기를 제거하기 위해 손으로 너무 꽉 짜면 껍질만 남아 맛이 없다.

다음으로 가지를 한입 크기로 썰어 기름을 두른 후 소금과 함께 볶았다. 자줏빛 가지색은 볼 수 있지만 기름의 양이 너무 많으면 느끼한 맛이 향을 없애고 몸에 기름이 쌓일 것 같아 많이 먹을 수 없다.

나는 한입 크기로 썬 가지를 에어프라이어에 살짝 구운 후 양념장을 발라 반찬으로 낸다. 보기 좋은 게 맛도 있다고, 모양도 흐트러지지 않고 깔끔하게 접시에 담을 수 있다.

이 밖에도 비스듬히 얇게 썰어 부침가루와 섞어 가지전이나 튀김으로 만들어 먹기도 한다. 모든 채소는 싱싱할 때 장아찌를 담을 수 있다. 어디에도 없는 나만의 가지장아찌 레시피다. 소독한 유리병에 부추, 바질, 가지를 넣고 식초, 설탕, 간장을 1:1:1의 비율로 넣은 절임 물을 부어주면 된다. 바질 향을 품은 가지는 오래 두고 먹어도 지중해의 맛을 느낄 수 있다.

다해봄센터에서 만난 버드나무쌤은 가지를 항상 많이 심는다. 눈이 안 좋은 부인을 위해서다. 가지는 꽃, 잎, 줄기가 모두 보라색이다. 보라색을 띤 안토시아닌 성분이 활성산소를 억제해 노화 방지와 세포 보호에 도움을 준다.

특히 가지를 말리면 철분과 칼슘 함량이 늘어 빈혈 예방, 뼈 건강에 더 좋다. 햇볕에 자연 건조한 가지는 한번 불렸다가 요리하면 식감도 부드럽고 영양도 되살아난다. 일 년 내내 먹을 수 있어 좋다며 가지를 심고 싱글벙글한다. 이번 텃밭에는 가지를 좀 더 심어야겠다.

마리골드와 고추, 사람과 자연을 잇는다

마리골드는 국화과의 한해살이풀로 '성모마리아의 금색꽃'이라는 이름처럼 노란색과 오렌지색의 꽃잎을 가지고 있다. 황금색 꽃에 솔잎을 담았다고 금송화라 한다. 인도에서는 종교행사 때 마리골드로 화환을 만들어 사용했다. 신성함과 순종을 상징하는 마리골드의 색과 독특하고 진한 향이 해충 퇴치에 효과가 있기 때문이다.

루테인이나 지아잔틴 성분이 풍부한 마리골드는 스마트폰과 미세먼지의 영향으로 안구질환이 늘어나자 다시 주목받고 있다. 약용, 화장품, 심지어 음식에 이르기까지, 다양한 용도로 사용된다. 뿌리혹선충 살충제 효과가 있어서 농작물과 같이 심으면 피해를 줄일 수 있다. 잎에서 나오는 하얀 액체는 뱀을 쫓는 성분도 있다.

반년이나 피는 마리골드

마리골드는 바늘 끝처럼 뾰족한 씨앗을 매우 많이 품고 있다. 작고 가벼운 씨앗은 바람에 쉽게 날아가기에 번식력이 강하다. 꽃은 처음 5월에 한두 개씩 피다가, 9월이 되면 잎사귀가 안 보일 정도로 뒤덮인다. 11월에도 꽃과 잎은 시들시들하지만 피어 있고, 12월

서리가 내리면 꽃은 완전히 사그라든다. 6개월 동안 꽃이 피는 마리골드는 텃밭에서 가장 길게 볼 수 있는 꽃이기도 하다. 한 나무에 백 개 이상의 꽃이 시기를 달리하며 핀다.

처음 올라오는 꽃을 따서 꽃차를 만들었다. 살청과 건조의 두 과정만 거치면 완성된다. 살청은 꽃 속에 있는 균이나 벌레를 죽이고 꽃의 산화 반응을 억제한다. 수증기에 2분 정도 찌면 된다. 너무 오래 하면 향과 색이 모두 날아가 버린다.

다음은 채반에 널어 햇볕에 말려주면 끝이다. 활짝 핀 꽃보다는 봉오리 상태의 꽃이 더 좋다. 그냥 씻어서 말리기도 하는데 나는 쪄서 건조하는 걸 선호한다.

노란색으로 물들어

마리골드꽃이 흐드러지게 피었다. 황금색은 부와 안정을 상징한다. 남편과 함께 박사님 댁으로 갔다. 면장님은 벌써 와 계신다. 곡성가족이 한자리에 모였다. 추출의 대가이신 박사님의 제안으로 마리골드의 노란색을 추출하여 함께 스카프와 면 티셔츠에 천연염색을 하기로 했다. 자연에서 추출한 천연색소를 이용하기에 친환경적이고 부드러우며 피부 건강에도 좋다.

먼저 꽃을 감싸는 녹색의 꽃자루는 다 떼어내고 순수한 꽃잎만 분리한다. 이를 분쇄기에 넣고 100% 원액 주정을 부어 갈아준다. 다음 원심분리기를 이용하여 노란색 물만 추출한다. 색이 빠지지 않게 매염제를 넣어 중화시키면 드디어 순수한 노란색 염료가 나온다.

이제 본격적인 염색작업을 한다. 면 티셔츠와 스카프는 불순물을 제거하기 위해 미리 물로 빨아놓아야 한다. 천을 고르게 펴 넣고 조물조물한다. 짜잔, 선명한 노란색이 나온다. 잘 펴서 그늘에 말린다. 다시 풍덩 담가, 조물조물한 다음 널고, 다시 조물조물, 이렇게 세 번에 걸쳐 염색한 후 마지막에 맑은 물이 나올 때까지 헹궈 그늘에서 말린다.

집에서 간단하게 하는 방법도 있다. 그냥 꽃을 따서 물에 끓이면 노란 물이 나온다. 체에 걸러 물만 따른 후 색이 빠지지 않게 매염제로 명반을 녹인 물을 넣고 조물조물하면 된다. 명반은 옷감 양의 5% 정도가 적당하다. 너무 많이 넣으면 형광색이 나오지만 옷감이 상한다. 명반 대신 철매염제를 이용하면 카키색이 나온다. 실크스카프는 단백질 성분에 색소가 달라붙어 염색이 잘 되지만, 면 티셔츠는 면적도 넓은 데다 식물성섬유라 바느질 부분이 짙게 되어 고르게 염색이 되지 않는다.

목에 두른 가을빛 스카프가 부드럽고 따스하다. 꽃밭을 두르고 있는 듯 한가족이 되어 웃으며 하루를 보냈다. 노란색 면 티셔츠에 패브릭펜이나 물감으로 세상에 하나뿐인 옷을 만들었다. 나는 면 티셔츠 정면에 자화상이라며 머리에 꽃이 가득 핀 얼굴을 크게 그려 입고 다녔다.

고추를 위하여

고추는 일년생 가지과 열매채소로 남아메리카에서 처음 재배되어 콜럼버스에 의해 유럽으로 전파되었다. 고추의 이름은 음식의 맛을 내는 향신료라는 뜻의 고초에서 유래했다. 한자명은 남쪽 오랑캐 나라에서 왔다는 남만초, 당나라에서 들어왔다는 당초라는 이름도 있다. 영어로는 red pepper(붉은 후추), 일본에서는 당나라에서 온 겨자라는 뜻의 도오가라시라 불린다. 고추가 전혀 다른 모습을 가진 후추나 겨자로 불린 건 맛과 향 때문일 것이다. 우리나라가 고추를 제대로 가장 잘 표현했다.

고추는 우리나라에 온 지 4백여 년밖에 안 되지만, 음식문화에 크게 이바지했다. 고추가 빠진 김치는 상상할 수 없다. 고추장이라는 새로운 저장법을 탄생시키기도 했다.

고추만큼 쓰임새가 다양한 채소도 드물다. 고춧잎은 데쳐서 나물로 먹고, 오이고추는 그대로 된장에 찍어 먹는다. 꽈리고추는 멸치와 함께 볶아서 먹고, 풋고추는 씨앗을 발라내고 그 안에 만두 속을 채워 튀겨 먹는다.

청양고추는 쫑쫑 썰어서 양념에 넣어 먹는다. 많은 양을 한꺼번에 썰어 냉동고에 보관했다가 된장찌개를 끓일 때 조금씩 넣어 먹어도 좋다. 장에 담가 장아찌로 만들어 밑반찬으로 먹어도 된다. 가장 많이 이용되는 건 말리고 분쇄해서 고춧가루로 사용하는 것이다.

텃밭에 고추를 심었다. 꼿꼿하게 자라던 고추에 하얀 꽃이 피더니, 며칠 후 앙증맞은 초록 고추가 꽃을 밀어내고 나왔다. 기특하고 예뻐 날마다 보는데, 쑥쑥 자라던 고춧잎이 시들시들했다. 바닥에 떨어져 썩은 고추도 여럿이었다.

눈과 코를 박고 자세히 살펴봤다. 고춧잎 뒷면에 개미 눈알만 한 호박색 알들이 빼곡했다. 줄기에는 새끼 개미 정도의 회갈색 곤충들이 잔뜩 붙어 있었다. 꿉꿉하고 시큼한 냄새가 난 곳을 보았다. 아이 손톱 크기의 노린재가 고추에 긴 침을 박고 있었다.

노린재를 잡기 위해 식초 탄 물을 뿌려도, 은행나무잎을 바닥에 두어도, 퐁퐁 물을 뿌려도 별 효과가 없었다. 가장 원시적인 방법으로 하루 세 번 고추밭에 가서 노린재를 잡았다. 고추나무를 하나하나 살펴 알을 깐 잎사귀는 떼어내고, 바가지에 세제를 푼 후 고춧대를 흔들어 비눗물 속에 빠트렸다.

뜨거운 햇살에 초록 고추가 빨갛게 익었다. 예쁘고 잘 빠진 미인 고추는 반짝반짝 윤이 났다. 마른행주로 닦아내고 고추 꼭지를 바늘로 꿰어 무명실로 엮었다. 운동회날 만국기가 걸린 듯 텃밭 쉼터 지붕 아래에 치렁치렁 고추 화환이 걸렸다. 인디언 추장의 목에 두른 전리품처럼 고추 목걸이가 빛이 났다. 바라만 봐도 뿌듯해 사진으로 찍고 지인들에게 자랑했다.

"예쁘긴 한데 언제 다 그렇게 한대요?"

면장님이 보더니 어처구니없는 표정으로 말씀하셨다. 그랬다. 손이 너무 많이 갔다. 잘못 꿰어진 고추는 바닥에 떨어지기도 했다. 결국, 한 번에 그치고 말았다.

장마철에는 고추가 벌어지고 잘 마르지 않았다. 언니에게 물어보니 가위로 절반을 잘라 말리면 금방 마른다고 했다. 파는 게 아니고 고춧가루로 빻을 거라 상관없을 것 같았다. 자르는 것도 일이지만 뒤집어 줄 때 무른 건 빨간 물이 달라붙어 번잡스럽다.

금손할머니가 보시더니 건조기 칸이 비었으니 같이 말려준다고 하셨다. 건조기에 들어가니 손이 더 갈 것도 없이 한 번에 해결되었다.

마른 고추로 5근 정도를 땄다. 정말 뿌듯했다. 농약이나 화학비료를 사용하지 않고 키운 작물들은 제맛을 낸다. 우리 집 고추는 정말 매웠다. 안 매운 고춧가루 다섯 근을 구매하여 섞어 빻았지만, 매운맛은 마찬가지였다. 언니가 고춧가루를 적게 넣어도 매운맛과 향이 강해 김치가 훨씬 맛있다며 달라고 해서 주었다. 두고두고 먹을 수 있는 양념채소를 직접 짓고 나눔까지 할 수 있었다. 정말 농사짓는 보람을 안겨준 고추였다.

"어머, 아까워서 어째? 멀쩡해 보이는데 병이 들었어요?"

"몰랐어, 날씨가 추워지면 농업기술센터에서 자르라고 하던데. 그래야 익는다고."

"애들이 불쌍하다. 먹을 걸 주지 않아 말라가며 죽는 거네요."

"에틸렌이 포함된 착색제를 뿌리는 사람도 많아요. 그러면 3일 안에 빨갛게 익는대요."

고추는 기온이 높은 여름에는 빨리 자라고 빨리 익는다. 10월이 되면 풋고추는 계속해서 열리지만 붉게 익는데 필요한 적산온도가 부족해 잘 익지 않는다. 적산온도란 작물이 생육에 필요한 열의 축적량으로 전체 생육 일수 동안의 하루 평균기온을 적산한 걸 말한다. 적산온도가 모자라 풋고추 상태로 서리를 맞아 죽는 것도 많다.

고추가 착색이 멈추는 시점에 고춧대를 절단하도록 농업기술센터에서 권유한다. 뿌리를 자르면 착색이 촉진되고, 서리가 내려도 고추가 얼지 않아 수확량이 증대되기 때문이다.

자연 그대로 온도를 충분히 쌓지 않는다는 건 아쉽지만, 괜찮은 방법이다. 나도 많은 양을 수확한다면 그렇게 했겠지. 고춧대에 남은 청양고추를 수확해서 장아찌를 담궜다.

이듬해 봄, 마리골드꽃을 따기 위해 박사님 댁에 갔다. 사모님이 오셔서 작년에 남은 고춧가루로 고추장을 담았다며 주셨다. 빨간 고추장 단지를 안고 내려가는 길이었다.

부엉! 굵고 낮게 들린다. 높고 가늘게 부우엉! 연이어 들렸다. 수리부엉이의 이중창이다. 수리부엉이 부부는 서로의 안부를 확인하고 있다. 신전마을 뒷동산에 금송화 꽃 무심히 피고 지고 노박사님 부부는 오늘도 자연과 인간을 이어주고 있다.

두릅, 산채의 여왕

"양이 꽃도 먹을까?"

"양은 뭐든 먹어."

"그럼, 가시가 있는 꽃도 먹을까?"

"응, 가시 있는 꽃도 먹지."

"그럼 가시는 뭣 때문에 있는 거야?"

"가시는 별로 쓸모없어."

"아니야! 가시는 연약한 꽃이 스스로를 지키기 위해 만든 거야! 아저씨는 잘못 알고 있어."

앙투안 드 생텍쥐페리, 『어린왕자 그림책으로 만나다』

가시는 식물이나 동물의 표면에 바늘처럼 뾰족하게 돋친 것이다. 식물에서 가시가 어떻게 생겼고 무슨 역할을 할까? 선인장 가시는 수분 손실을 줄이기 위해 잎이 퇴화해서 변형되었다. 탱자나무 가시는 외부의 침입을 보호하기 위해 가지나 줄기 일부가 단단하게 변하면서 끝이 뾰족해졌다. 산딸기처럼 표피세포가 발달하여 돌출된 가시도 있다. 줄기나 잎에서 쉽게 떨어질 수 있는 구조를 가졌던

가시는 생존 전략과 환경 적응의 결과로 생긴 것이다.

봄에 먹는 보약

봄바람이 차갑다. 한꺼번에 핀 목련, 벚꽃, 산수유꽃을 정리하듯 가지를 흔들며 매섭게 불어댄다. 봄이 되면 입맛을 돋우는 새순 나물이 절정을 이룬다. 돌아가신 시아버님은 계절 중 봄을 제일 좋아하셨다. 새순 나물을 마음껏 먹을 수 있어서란다. 새순의 대장인 가시오가피, 두릅, 엄나무를 집 주위에 심었다. 울타리로 가시가 많은 엄나무와 두릅나무를 심고, 장독대 옆에는 가시오가피를 심었다.

시집와서 처음으로 맞은 봄날, 시어머님이 나무에서 새순을 따오라고 하셨다. 어떻게 나무순을 먹는지 상상이 가지 않았다. 아직 자라지도 않았는데 무슨 영양성분이 있다고 먹는다는 건지 이해할 수 없었다. 여름에 약재로 백숙에 넣어 먹는 게 아닌가? 겨울을 지낸 새순은 입맛을 돋우는 보약이라며 데쳐서 나물로 먹는다고 했다.

따온 순은 밑동 부분을 잘라내고 겉껍질을 벗겨냈다. 깨끗한 물에 서너 번 살살 털어가며 씻었다. 끓는 물에 소금을 약간 넣고 10초 정도 데친 후 바로 찬물에 헹궈 식힌다. 손을 맞잡고 힘을 꽉 주어 물기를 짜고 살살 펼쳐놓는다. 나물, 다진 마늘, 썬 파, 조선간장, 설탕 등을 넣고 간이 배도록 조물조물 무쳤다. 깨와 참기름을 넣고 다시 한 번 무쳐주면 향긋한 새순나물이 완성됐다.

한 나무에 한 개씩만 나오는 두릅은 귀해서 나물 대신 초장에 찍어 먹었다. 산뜻한 봄 향기를 품은 두릅은 고기를 먹는 듯 담백하고 매력적이었다.

두릅의 속삭임

나는 추운 겨울을 맨몸으로 버티며 살았어.
노출이 덜 되게 뾰족한 가시를 세우고 눈보라 속에서 기다렸지.
봄바람이 불면 맨 먼저 연초록 고개를 쏙 내밀었어.
겨우내 차곡차곡 쌓아온 양분을 가지 맨 끝에 한꺼번에 쏟아 냈지.
너는 손가락 한 마디로 안 되는 새싹인 나를 툭 끊어 땄어.
막 입은 고동색 팬티를 벗기고
아직 연갈색인 내 몸을 차가운 물에 잠시 넣더니
팔팔 끓는 소금 섞인 뜨거운 물에 풍덩 담갔어.
천국과 지옥을 왔다 갔다가 완전 연두색으로 다시 태어났지.
너는 나를 손안에 꽉 갇혀 물기를 다 뱉어내게 했어.
거꾸로 세우더니 빨간 초고추장에 내 머리를 쑤셔 박는 거야.
시고 맵고 정신을 차릴 새도 없이 시커먼 입속으로 들어갔어.
긴 기다림 끝에 내 인생은 짧고 굵게 살았어.

닭재마을 홍자매

두릅은 나무 머리 꼭대기에 나는 나물이라 '목두채'라 하고, 너무 맛있는 나물로 두말할 필요가 없으니 입을 꼭 다물라는 뜻으로 '문두채'라고도 했다. 시아버님은 맛있는 두릅을 4월에만 먹는다며 아쉬워하셨다. 지금은 육종기술의 발달로 6월에서 10월까지 수확하는 여름두릅이 나와 참두릅의 한계를 극복했다.

두릅을 보면 떠오르는 두 명의 춘자가 있다. 한 명은 섬마을 낙월도에 살고 다른 한 명은 골짝나라 곡성 목사동에 산다. 목사동 춘자 언니는 여동생과 함께 여름두릅을 키운다.

참두릅은 가시가 많고 양지바른 비탈진 곳에서 자란다. 여름두릅은 가시가 없고 평지에서 재배할 수 있어 작업이 훨씬 쉽다. 한 나무에 한 개만 나오는 참두릅에 비해 여름두릅은 여러 가지에 많은 잎을 달고 나오기 때문에 수확량도 많다. 대가 가늘고 길며, 아삭아삭한 식감과 향도 뛰어나다. 여름두릅은 개수가 아니라 쑥갓이나 상추처럼 상자로 판다.

여름두릅은 삼겹살을 먹을 때 고기와 함께 내오기도 한다. 삼겹살에 두릅이라니, 얼마나 고급스러운가. 엄나무 순보다 수확량이 많은 여름두릅이라 부담 없이 장아찌로 담아 일 년 내내 먹을 수 있다.

다해봄센터 목공수업에서 홍자매를 만났다. 목공이 처음인 나는 서툴렀다. 손재주가 좋은 홍자매의 도움으로 무사히 테이블과 의자를 완성할 수 있었다.

홍자매가 닭재마을로 우리를 초대했다. 처음 먹는 능이백숙에 두릅장아찌, 고들빼기김치는 정말 환상적이었다. 자연산 능이 1kg을 넣고 닭 다섯 마리를 한꺼번에 푹 끓인 국물은 어디에서도 맛볼 수 없는 진국이었다. 닭고기 살에 얹어먹는 두릅장아찌는 입안에서 살살 녹았다. 배불리 먹고도 남아 내일 먹으라며 싸주기까지 했다. 홍자매가 날씬한 몸매를 유지하는 비결이 두릅을 많이 먹어서일까?

낙월도 춘자이모

곡성에 오기 전인 2019년도에 영광군 낙월면에 있는 낙월도우체국에서 근무한 적이 있다. 낙월도는 영광 향화도선착장에서 배를 타고 한 시간을 가야 나오는 섬이다. 지는 달이 예뻐 진달섬이라 불리고, 일출과 일몰을 함께 볼 수 있는 섬이다. 상낙월과 하낙월이 진월교로 연결되어, 걸어서 한 시간이면 섬 전체를 둘러볼 정도로 작은 섬이다.

낙월도는 낙월면 소재지라 면사무소, 우체국, 경찰서, 해양경찰서, 보건소, 초등학교 등 관공서가 한 곳에 밀집해 있다. 실제 거주민은 50명 내외인데 관공서 직원이 20명이 넘어 한 가족처럼 지낸다.

집에서 기르는 흑염소, 개, 닭은 물론이고 둘레길을 산책하다 보면 야생사슴을 보는 일도 다반사다. 당산이라고 불리는 매봉산에는 하수오, 천문동, 잔대 등 야생식물이 많이 자라고 있다. 먹을 게 풍부하고 관공서가 대부분 있어서 사람이 살기에도 낙원 같은 섬이다.

낙월도에서 민박하는 춘자이모는 당산에서 나는 쑥, 두릅, 취, 방풍, 고사리를 꺾어 음식재료로 쓰곤 했다. 뿌리로 번식하는 두릅은 한 곳에 밭을 이루고 있어 나오는 시기를 잘 맞추면 많은 양을 수확할 수 있다. 남들은 이른 아침에 두릅을 땄지만, 나는 둘레길을 산책하면서 곁가지에 나온 순 몇 개만 땄다. 점심 한 끼 먹을 수 있으면 충분했다. 섬은 저녁이 빨리 온다. 퇴근하면 주변 산책을 춘자이모랑 함께 다녔다.

"국장님, 이번 토요일에 광주 안 간다며? 나랑 같이 산에 갈란가?"
"저야 좋죠. 안 그래도 뭐할까, 고민 중이었거든요."
"가시가 많은 곳인께 옷 단단히 입고 오소."
"두꺼운 청바지에 고무장화 신고 갈게요."

"워메, 가방은 안 가지고 왔어?"
"여기, 비닐봉지 가져왔어요."
"그것은 다 찢어져서 안 돼요. 보자기가 있응께 이것으로 합시다."

가지고 다니기 좋으면서 많은 걸 담기에는 보자기만 한 게 없다. 대각선으로 접어 목에 둘러 묶고, 양 귀퉁이 끝은 서로 겹쳐 이어주었다. 자유로운 두 손이 배 양쪽으로 들락날락하며 부지런히 두릅을 보자기에 넣었다. 배가 불룩해지면서 두릅이 가운데로 모여 빠져나오지 않고 안전하게 보관할 수 있었다.

따기 좋은 곳은 먼저 온 사람들이 이미 다 수확했다. 우리는 사슴이 다니는 길을 따라 절벽 가까이 가서 두릅을 땄다. 사람은 기계를 동원해 산의 허리를 끊어내 길을 만들었다. 산의 주인이었던 동물은 사람을 피해 덩굴 속을 헤치며 몸을 낮추고 다녔다. 이제는 동물이 낸 그 길마저 사람이 다닌다. 동물은 사람 냄새를 맡고 그 길을 피해 더욱더 깊고 험한 덩굴 속으로 길을 내야 할지도 모른다. 사슴에 대한 미안함과 감사함이 두릅과 함께 들어왔다.

"손가락 길이만 넘으면 다 따소."
"아직 어린데 따요? 좀 더 자라면 더 맛있을 수 있을 것 같은데."
"나도 알제. 근디 내일까지 누가 냅둔단가? 벌써 없어져부러."

자연산 두릅은 향도 좋고 영양가도 높아 가격이 비싸다. 경쟁이 치열하여 먼저 본 사람이 임자다. 그러다보니 아직 입을 벌리지 않은 것도 따버린다.

사실 어디서 채취했나 보단 제철에 채취하는 게 훨씬 중요하다. 덜 자란 두릅은 먹을 게 없다. 시기를 조금이라도 놓쳐 너무 자라면 질기고 가시가 단단해 먹을 수 없다. 가지 끝에 길게 자란 새순을 끊어 보여주며 튀김으로 해 먹으면 맛있다고 알려주던 모습이 눈에 선하다. 어디선가 설운도의 노래(춘자야)가 들린다.

'춘자야 보고 싶구나~ 꼭 한번 만나야 할 내 사랑 춘자야.'

인연

노박사님과 사모님!

인연이란 하늘에서 좁쌀 한 개가 바람에 흩날려 떨어지다가 하필 땅에 거꾸로 박혀있던 바늘 끝에 좁쌀의 씨눈이 탁 꽂히는 것이라네요. 곡성에서 박사님과 사모님을 만나게 된 건 엄마가 남겨준 선물처럼 느껴져요. 엄마의 병과 죽음을 같이 고민하고 곁에서 지켜주셨죠.

두 분과 함께 하면서 셀 수 없이 많은 걸 받은 것 같아요. 박사님 곁에는 늘 새로운 게 많았어요. 그게 무엇인지 궁금해 하고, 이를 찾아가면서 알게 되는 경험은 저를 깨어 있게 했어요. 이 과정에서 한층 더 성장할 수 있었고 그만큼 행복감이 컸어요.

박사님과 사모님을 안 만났으면 지금쯤 무얼 하고 있을까? 생각해 보는데 잘 떠오르지 않아요. 과거의 저는 직장만 알고 다른 세계를 몰랐어요. 제가 정한 테두리 안에 스스로를 가두고 그 안에서만 살았거든요. 우물 안 개구리처럼요.

박사님과 함께한 천연염색, 꽃차 만들기 등은 미처 생각지 못했던 신세계였지요. 박사님이 식물의 새로운 가치를 찾아 변화시키는 것처럼 저도 덩달아 변했어요. 사물의 겉모습만 보는 게 아니라 그 내면이 품고 있는 생각도 읽게 되면서 무슨 일이든 자신감이 생겼어요. 함께한 모든 순간이 행복이었어요.

칠십이 넘은 연세에도 키우는 개 '반야'가 출산을 했을 때 손수 미역국을 끓여주시고, 자식을 떠나보낼 때 짜장면으로 슬픔을 덮어주던 모습은 감동이었어요.

지금은 손녀 사랑에 푹 빠져 손수 흔들의자 겸 책상을 만들고, 돌축하 공연을 위해 하모니카와 드럼을 배우는 열정은 그 누구도 따라가지 못할 거예요. 이 위대한 인연을 곱게 가꾸기 위해 항상 내가 먼저 다가갈게요. 건강하게 오래오래 뵈어요.

항상 긍정의 복지팀장님!

퇴직하고 집에서 쉬고 계시니 마음 편하고 좋은가요?

지금 곡성은 세계 장미축제로 사람들이 북적북적해요. 올해는 시기를 잘 맞추어 그 어느 해보다 예쁜 장미를 볼 수 있다고 하네요. 다녀온 사람들이 꼭 가서 보라고 권해요. 아직 가보지 못했어요. 작년 이맘때에는 행사장에서 얼굴을 봤을 텐데.

> "있잖아, 내 비밀 하나 알려줄까? 텃밭에 작고 귀여운 씨앗을 심어 놓았어. 머지않아 이야기꽃이 필 거야."
>
> 정주희 그림책, 『꽃이 필 거야』 중에서

어제 정주희 그림책 『꽃이 필 거야』을 읽었어요. 함께 일구었던 텃밭이 생각났어요. 텃밭 수확의 일등 공신은 팀장님이시죠. 이장님께 부탁해서 퇴비를 얻어 뿌리고 상추, 쑥갓, 오이, 시금치를 즉석에서 따 함께 음식을 만들어 먹었던 기억이 새록새록 피어나네요.

팀장님은 덩치는 크지만 마냥 귀여운 소녀였지요. 도로를 사이에 두고 바구니가 오고 갔어요. 상추를 담아 보내면 양파가 오고 감자를 보내면 옥수수가 오는 식으로 서로 나눔을 했지요. 팀장님 덕분에 우체국과 면사무소는 한 가족이 되었어요. 간식도 함께 먹고 점심도 함께 먹고 민원도 함께 해결했죠.

'우체국장 술잔'이란 말이 있죠. 기관장 모임에는 당연히 우체국장도 참석해요. 술잔이 힘깨나 쓰는 기관장들에게만 집중되다보니 우체국장 술잔은 비어 있는 경우가 많았대요. 이런 연유로 회식자리에서 잔이 자주 가지 않거나 술잔이 오랫동안 비어 있으면 '우체국장 술잔'이라고 빗대어 말하게 된 거죠.

기관장 모임에서 우체국은 규모가 작아 항상 뒷자리에 앉는다고 하지만 목사동만은 달랐어요. 면장과 복지팀장이 오빠와 언니로 있어 모든 게 해결되는 큰 우체국이었죠. 덕분에 즐겁고 편하게 보냈던 것 같아요.

퇴직하기 전에 전원주택을 사들여 텃밭을 꾸민다고 하셨는데 궁금하네요. 무엇이든 화끈하고 깔끔하게 처리하는 팀장님이 항상 부러웠어요. 운동도 잘하고 호탕하게 웃는 모습이 좋아서 많이 의지했어요. 함께 하하 호호 웃으면서 지냈던 시절이 그립네요. 언제 우리끼리 한번 뭉쳐요. 날 한번 잡을게요. 제가 연락하면 무조건 콜!

흥자매 언니들 잘 계시죠?

오늘 우체국에 두릅을 택배로 보내는 고객이 있었어요. 이제 막 나온 두릅이 튼실해 서울에 있는 동생에게 보낸다네요. 얼굴에 함박웃음을 지으며 소중하게 포장하는 모습이 훈훈했어요. 예전에 삼겹살에 구워 먹던 두릅이 생각나 입안에 침이 저절로 고였어요.

그때가 생각나요. 몸에 좋은 두릅을 배불리 먹어보라며 직접 키운 여름두릅 한 상자를 안겨주셨죠. 아마 5kg은 넘었을 거예요. 언니와 오빠에게 나눠주고, 장아찌로 만들어 지금까지 아껴가며 먹고 있어요.

여름두릅은 홍삼의 3배나 되는 사포닌이 들어 있다며, 피로를 해소하고 기력을 보충하는 데 도움을 주니 원 없이 먹으라고 했죠. 두릅이 그렇게 좋다는 걸 그때 알았어요. 삼겹살에 구워 먹고, 초장에 찍어 먹었죠. 두릅장아찌에 삼겹살을 싸 먹으면 기름기는 쫙 빠지고 봄을 품은 돼지고기를 먹은 듯 황홀했어요. 흥자매 덕분에 산채의 여왕 두릅을 이렇게 많이 먹어보기는 처음이었어요.

한번 맛본 건 잊지 않는다고 해마다 이맘때쯤이면 두릅을 한두 주먹이라도 꺾어 맛을 보고 있어요. 두릅의 참맛을 알게 해줘서 고마워요. 목공수업 끝나고 들었던 흥겨운 노래가 그립네요. 언제 시원하게 맥주 먹고 노래방 가서 신나게 흔들어보게요.

버드나무쌤, 가지나물 잘 드시고 계시나요?

선생님은 나무를 다루는 일은 손으로 하는 게 아니라 가슴으로 하는 거라고 말하셨죠. '느티'와 친구가 된 걸 보면 정말 그 말이 맞는 것 같아요. 아, 선생님은 아직 '느티'를 모르겠구나. 제가 소파에 앉아 사용할 수 있도록 ㄷ자 형태로 설계해서 만든 느티나무책상 있잖아요. 그 책상 이름이 '느티'예요.

지금 생각해봐도 정말 신기해요. 어떻게 백 년 이상 청풍마을을 지키던 느티나무가 죽었을까요. 여러 조각으로 나뉘어 십 년을 넘게 문 없는 작업장 처마 밑에서 썩고 있었던 걸까요. 아마 저를 기다리고 있었나 봐요. 벌레 먹고 모양도 뒤틀렸지만, 안쪽으로 휘어진 모습이 저를 감싸는 것 같아 좋았어요.

그래서 선택했죠. 선생님의 절대적인 지도와 도움으로 드디어 책상을 만들 수 있었죠. 남편은 벌레 먹은 곳을 톱으로 잘라내고 그라인더로 껍질을 벗겨냈어요. 선생님은 대패로 평평하게 밀어주고 이곳저곳 균형을 맞추는 방법을 조언해주셨죠. 정말 선생님과 남편의 도움이 없었으면 '느티'는 탄생하지 못했을 거예요. 굵은 사포에서 가는 사포까지 네 번에 걸쳐 문질러주고, 투명보호제를 발라 완성했어요. 아래쪽에는 바퀴를 달아 어디든지 쉽게 이동할 수 있게 했죠.

오랜 시간 작업하며 호흡을 같이해서인지 정이 많이 들었어요. 어떤 때는 책상이 저에게 말해요. 어서 일어나서 글을 쓰라며 나를 밀어낸 적도 있어요. 짚고 일어나는데 손바닥이 따뜻해 힘이 절로 난답니다. 지금도 친구 '느티'와 함께 이 글을 쓰고 있어요.

입으로 만드는 사람, 발로 만드는 사람, 손으로 만드는 사람, 각양각색 능력도 기술도 차이가 있지만, 선생님의 도움으로 하나가 되어 의자와 책상을 만들었죠. 하나의 면에 불과했던 판자가 서로 결합해서 상자가 되고 의자가 되고 책상이 되어 나오는 걸 보면 정말 대단했어요.

다들 기억하시나요. 다해봄센터 봄학기 마지막 날, 모두 모여 파티했었죠. 식당에서 양파, 파, 콩나물이 가득 들어간 오리주물럭을 먹었어요. 불판 앞을 딱하니 풋고추 하나가 틀어막고 있는 모습은 다른 집에선 볼 수 없던 풍경이죠. 몸에 좋은 오리기름을 콩나물에 입히기 위해 구멍을 막았던 초록 고추의 역할은 과학이었어요.

흥자매가 가져온 두릅은 살짝 데쳐 초장에 찍어 먹고, 주물럭에 넣어 함께 먹기도 했죠. 고소한 기름을 쏙 품은 두릅의 향긋한 맛은 최고였어요. 박사님은 "비타민 A가 콩나물의 여섯 배, 오이의 두 배가 들어있을 정도로 풍부하다."고 영양학적으로 말씀하셨죠. 면장님은 "가시가 귀신을 쫓는다고 두릅나무를 잘라 문지방에 꽂아두기도 했다."고 덧붙이셨어요. 말을 들어보면 직업이 다 나온다니깐요. 웃기만 해도 암세포가 사라진다는데 오늘은 참 많이 웃었어요. 덕분입니다.

3부

가슴, 가꾼다

내 인생의 여자들

나는 전남 보성군 복내면에서 태어났지만 보성에 대한 기억은 거의 없다. 태어나자마자 광주로 이사를 왔기 때문이다. 우리가 처음 정착한 곳은 광주시 북구 오치동에 있는 농장이다. 이 년 정도 남의 집 농장 일을 하면서 지냈다. 계약기간이 끝나면서 길 건너 문흥동으로 집을 지어 이사 갔다.

우리가 터를 잡은 곳은 광주시 북구 문흥동 850-1번지였다. 예전에는 정착부락, 수용소마을이라 불리던 곳으로, 6.25 피난민들의 집단 주거지로 조성되었던 마을이다. 버스가 다니는 큰 도로까지 가려면 자연부락인 소문산, 대문산, 평교를 지나야 한다. 중간에 공동묘지가 들어선 산도 넘어야 한다.

광주시에 편입되었지만 깡촌에 가깝다. 사면은 산을 개간하여 심은 포도밭으로 둘러싸여 있다. 포도껍질을 벗기고, 잎과 순에 붙은 풍뎅이를 잡아주는 일, 포도 봉지 싸는 일에 어린이를 고용했다. 1991년 택지개발이 이루어지면서 지금의 문흥지구가 되었다.

나는 네 살부터 시집가기 전까지 20여 년을 이곳 문흥동에서 살

왔다. 우리 집은 이층집처럼 보였지만 집 안쪽에 또 집을 품은 형태였다. 대문 안으로 들어가면 마당을 중심으로 땅의 높이를 달리한 단층집 두 채였다.

대문을 열면 오른쪽으로 솥단지 두 개가 걸려 있다. 50명이 넘는 사람들의 밥과 국을 짓기 위한 것이다. 오른쪽으로는 아래층에 들어가는 문이 있고, 가운데에는 시멘트로 포장된 수돗가가 있다. 상수도가 들어오지 않아 지하수를 끌어올려 물을 사용하던 수돗가다.

작두펌프가 있어 작두질을 하듯 손잡이 위아래를 열심히 움직여야 모터가 돌아가고 물이 나온다. 어른 두 명이 들어갈 수 있는 고무대야에는 항상 물이 가득 차 있었다. 모터를 돌리기 위해 펌프질을 할 때 물이 필요하기 때문이다.

수돗가 뒤로 가지, 고추, 오이, 호박 등이 심어진 작은 텃밭이 있다. 수돗가를 지나 왼쪽으로 경사진 길을 오르면 재래식 화장실이 있고, 집을 지키는 누렁이와 윗집이 있다.

아랫집은 도로 면을 접한 곳으로 방 두 칸이 딸린 작은 점방과 방 세 칸이 있는 하숙집이 마루로 연결되어 있다. 아랫집은 우리 가족이 살았고, 윗집은 이모네가 살았다. 그러다 아버지가 돌아가시면서 바쁜 엄마 일을 돕기 위해 외할머니가 윗집으로 오셨다.

여든이 넘은 외할머니는 가녀리지만, 허리도 굽지 않고 꼿꼿하셨다. 한 올도 흘러내리지 않은 단정하게 손질된 흰머리는 항상 반질반질 윤이 나고 정갈했다. 흙먼지와 숯검정이 날리는 시골집에서도 흰색 저고리와 치마를 입고, 하얀 양말에 흰 고무신을 신었다. 쪽진

머리에 은비녀를 꽂으신 뒷모습은 그야말로 단아했다.

엄마는 작은 점방을 하면서 식당과 하숙을 쳐서 생계를 유지했다. 농사밖에 모르던 아버지는 술을 드시는 날이 많았고, 내가 초등학교 5학년 때 간암으로 세상을 떠났다. 엄마는 마흔다섯의 젊은 나이에 남편을 보내고 다섯 명의 자식을 혼자 키웠다.

엄마는 30년을 넘게 광주농고 선생님들의 점심을 책임졌다. 오전에는 50인분의 식사를 만들기 위해 정신없이 바빴다. 오후에는 다음날 쓸 재료를 구입하기 위해 시장에 갔다. 해질녘이면 무거운 보따리를 머리에 이고 험한 길을 걸어 집에 왔다. 밤새 다듬고 손질하여 다음날 식사를 차려냈다. 배고픈 사람의 배를 채워주는 일이 최고의 보시라며, 맛있다는 칭찬을 들으면 힘들고 지친 마음이 사라진다고 했다.

학교에 식당이 생기면서 선생님의 식사는 그만두었지만, 최정숙 여사의 밥 보시는 끝나지 않았다. 여장부로 호탕하게 사시던 정숙 여사는 마을 노인회장을 하면서 동네 어르신들의 점심밥을 해드린 것이다. 사리분별이 밝고 솔선수범하며, 책임감이 강한 정숙 여사는 리더십도 뛰어났다. 해마다 농협, 지자체, 구의원을 초대하여 음식을 대접하며 관계를 이었다. 엄마가 있는 마을은 항상 다른 지역보다 풍족하고 활기가 넘쳤다.

최정숙 여사는 노인대학에 다니면서 봉사활동을 시작했다. 광주 북구청소년수련관에 있는 어린이도서관에서 책 정리와 이야기 할머니 봉사를 한 것이다. 대부분 70세가 넘으면 거동이 힘들어 봉사활동을 할 수 없다. 정숙 여사는 아이들과 함께하는 게 즐겁다며 83세에 위암으로 세상을 뜨기 전까지 도서관에 갔다.

정숙 여사는 도서관에서의 시간이 본인에게 힘이 되었다며, 도서관이 준 사랑을 보답하고 싶다고 했다. 우리는 도서관에 책장을 기증하여 엄마의 뜻을 전했다. 죽어서도 엄마는 아이들과 함께 있을 것이다.

엄마의 모습을 봐서인지 나도 곡성 어린이도서관에서 '책 읽어주는 선생님'으로 봉사하고 있다. 엄마가 길을 안내한 듯, 곡성에서 나의 길은 술술 막힘이 없고 힘이 들지 않는다.

이모는 긴 머리가 엉덩이를 덮는 도시 여자였다. 손재주가 좋아 뜨개질과 매듭 장식으로 집안을 꾸몄고 항상 좋은 향기가 났다. 내가 지금 옷을 만들고 커튼을 만드는 것도 이모의 영향을 받았다.

그런 이모가 바쁜 엄마를 돕기 위해 문흥동 집으로 왔다. 바지런히 솥을 닦고 음식을 준비하는 이모를 보고 포도농사를 짓는 이모부가 반했다고 한다. 엄마의 소개로 결혼까지 하고 같은 마을에서 살게 되었다. 이모와 이모부 덕분에 남의 포도밭에서 일하지 않아도 포도를 배불리 마음껏 먹을 수 있었다.

엄마랑 가까이 살면서 이모의 도움을 가장 많이 받은 사람이 나다. 우리 집으로 출퇴근하며 둘째 아들 범주가 초등학교 3학년이 될 때까지 키워준 사람이 이모다.

어린 범주에게 꼬박꼬박 존댓말을 써서 항상 바른말을 잘하는 아이로 만들어주었다. '하지 마라'고 가르치기보다는 그냥 아이 뒤를 따라다니면서 정리해주는 이모였다. 그래서 범주가 예절 바르고 자기표현도 잘하는 아이로 성장했다. 이모 덕분에 나는 집안일 걱정 없이 우체국에 전념할 수 있었다.

언니는 1963년생 토끼띠로 나와 일곱 살 차이가 난다. 언니는 부드럽고 상냥하다. 상대방의 감정을 잘 파악하고 공감하는 능력도 뛰어나다. 언제나 싫다거나 바쁘다는 말없이 전화를 받아준다. 때로는 어린 시절로 돌아가 추억을 소환하고, 나중에 함께 여행할 장소를 꿈꾸기도 했다.

이런 일도 있었다. 나주에서 살던 언니가 산달을 앞두고 문흥동 집에 몸을 풀러왔다. 광주에서 산부인과를 다녔던 언니는 아직 며칠이 남았는데 벌써 진통이 온 것이다. 그때가 새벽 3시였다.

우리 집은 차가 없었다. 동네에 자가용이 있는 집도 없었다. 택시를 불렀지만 점점 더 빨라지는 진통에 더는 안 되겠다 싶어 리어카에 이불을 깔고 언니를 태웠다. 조금이라도 빨리 가기 위해 마중 나간 것이다.

나는 깜깜한 길에 전등을 비추고, 작은오빠는 리어카를 끌고, 엄마는 옆에서 언니 손을 잡고 같이 뛰었다. 멀리서 택시 불빛이 보일 때였다.

"엄마 아기가 나오고 있는 것 같아."

언니는 택시에 타자마자 소리를 질렀고, 엄마는 아기 머리를 받쳐 들고 산부인과로 향했다. 택시기사는 아이를 받아낸 훌륭한 택시라며 올해 운수대통할 거라고 좋아했다. 그렇게 태어난 둘째 조카였다.

20년 전에 남편과 사별했고, 10년 전에 딸을 시집보냈다. 1년 전에 퇴직하면서 아들을 독립시켰고, 35년을 살았던 남편의 고장 나주를 떠나 홀로 섰다. 지금은 광주에서 방 3칸의 넓은 아파트에서 혼자 살며 제2의 인생을 준비하고 있다.

시어머니 정서운 여사는 전남 신안군 안좌도라는 섬에서 태어나 자랐다. 사리분별이 밝은 서운 여사는 글은 몰라도 지혜로웠다. 섬에서 벗어나기 위해 영광군 백수면 동백마을에 사는 자식 있는 홀아비에게 시집을 왔다. 영화 「마파도」의 촬영지인 동백마을은 바다를 접하고 있어 어업으로 생계를 잇는다.

「마파도」의 주인공처럼 서운 여사도 일찍 과부가 되어 갯벌 일을 하면서 본인이 낳은 딸과 전 부인 사이에 둔 아들 두 명을 키웠다고 했다. 그러다 혼자된 시아버님과 살림을 합치고 20년을 넘게 살았다. 8년 전에 사별한 후 지금은 혼자 영광집을 지키고 있다.

아주까리, 단정한 사랑

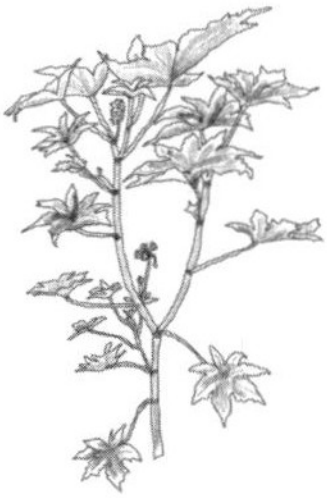

어제는 정월 대보름이었다. 정월 대보름에 오곡밥과 아홉 가지 나물을 먹으면 액운이 물러가고 행운이 찾아온다고 한다. 외할머니는 피마자 나물을 먹으면 꿩알을 줍는다고 했다. 피마자 씨앗이 알록달록 꿩알과 비슷해서 그런가보다.

외할머니의 묵나물은 담백하다. 마늘만 툭툭 찧어 넣고 조선간장으로 양념한 것이다. 찰밥과 먹으면 단맛과 짠맛이 어우러져 간이 딱 맞았다. 피마자잎에 찰밥 한 술 싸서 꼭꼭 씹어 먹으면 개미가 있다. 피마자잎에 싼 찰밥을 장독대 위에 내어놓는 것도 외할머니였다.

아낌없이 주는 아주까리

강원도아리랑에 '아주까리 정자', 이상화 시인이 쓴 「빼앗긴 들에도 봄은 오는가」에 '아주까리기름을 바른 이가 지심 매던'이라는 문구가 있다. 옛날에는 피마자를 아주까리라 불렀다. 꽃말은 단정한 사랑이다. 이름이 참 이상했다. 피자마자 딴다고 해서 피마자일까? 아낌없이 주는 식물이라고 아주까리일까?

아주까리는 서리가 내리면 금방 시들어 죽고 마는 일년초다. 줄기는 대나무처럼 속이 비었고, 겉은 짙은 보라색이거나 녹색이며 마디가 있다. 봄부터 초겨울까지 여린 잎을 계속 낸다. 어긋난 잎은 손바닥 모양으로 긴 잎자루 끝에 달리며 머리에 쓰는 삿갓처럼 크게 자란다.

꽃은 9월경 꽃대 위쪽에 붉은 암꽃이 피고, 아래쪽에 노란 수꽃이 핀다. 열매는 10월쯤 부드러운 가시에 싸여 달리고 익으면 3개의 작은 방으로 나뉜다. 그 안에 타원형이고 갈색 얼룩무늬가 있는 민질민질한 씨가 들어 있다.

씨는 기름을 짜서 이용할 수 있다. 피마자유는 발모 촉진, 염증 제거, 몸속의 독소와 노폐물을 배출하고, 혈액순환, 상처의 치유, 중풍이나 와사증 치료, 진통 작용과 항염증 작용 등의 효능이 있다고 한다.

우체국 텃밭에서 퇴비를 만드는 곳 옆에 아주까리 서너 그루가 자라고 있다. 고춧대의 기둥이 되어주기도 하고, 호박이 올라타고 갈 사다리 역할도 해준다. 막 피어올라 오는 잎을 따도 아프다, 싫다, 드러내지 않고 모두 내어준다.

서리가 내리기 전까지 줄기 위쪽의 부드러운 잎을 따서 바늘과 실로 꿰어 화환처럼 엮었다. 쉼터 지붕 아래에 주렁주렁 매달아놓았다. 바람과 적당한 빛이 수분은 날려주고 몸에 좋은 양분은 모아 담아주었다.

정월 대보름에 나물로 해 먹으라며 언니 오빠들에게 나눠줄 것이다. 아주까리 나물은 쌉싸름하면서도 시간이 만든 특유의 향과 씹을수록 고소한 풍미를 지닌다. 아주까리 나물을 좋아하는 친정식구들을 생각하니, 미래에 먼저 가 닿은 마음에 흥이 절로 난다.

내가 20여 년을 살았던 문흥동 집에는 아주까리가 있었다. 시멘트 블록으로 담을 쌓았는데 우리 집 경사진 곳에 아주까리를 심은 것이다. 2m보다 크게 자랄 뿐만 아니라, 넓은 잎은 삭막한 벽을 가려주는 훌륭한 울타리 역할을 했다.

어린 시절에는 아주까리가 싫었다. 그 옆을 지날 때 풍기는 비릿한 냄새가 역겨웠다. 달밤에 비치는 그림자는 거대한 손을 펼치고 어둠 속으로 끌어들이는 악마의 모습을 연상시켜 무서웠다. 위쪽 집 입구에 있는 재래식 화장실에 가려면 수돗가를 지나 아주까리를 심은 비탈진 길을 올라가야 했다.

화장실에 있는데 갑자기 비가 오면 삿갓처럼 넓은 아주까리잎을 머리에 쓰고 내려왔다. 바쁘게 내려오다 바닥에 미끄러져 엉덩방아를 찧는 경우도 많았다. 신발에 잔뜩 묻은 진흙은 떨어지지 않아 무겁고, 여기저기 발자국을 남겨 더러웠다. 수돗가에서 씻고 들어가야 하는 것도 매우 불편했다. 가끔 소변은 그냥 수돗가 물구멍에 누곤 했다. 그때마다 아주까리가 위에서 보고 비웃는 것 같아 얄미웠다.

아주까리로 여름이면 우산을 대신해 비를 피하기도 했고, 열매를 한 움큼씩 따다 새 총알로 사용했다. 줄기는 불쏘시개의 땔감으로, 잎은 말려 나물로 먹었다. 열매는 유분이 많아 기름을 짜고 변비를 해결하는 설사약으로도 쓰였다. 우리에게 웃음과 기름, 약, 나물, 땔

감으로 모두 내어주는 아주까리다. 비록 비탈밭 언저리에 겨우 빌붙어 살지만, 강한 생명력과 희생정신의 아주까리를 보면 외할머니가 떠오르곤 했다.

가시가 부드럽다니?

외할머니는 아침이면 참빗으로 곱게 빗은 머리에 아주까리기름을 발랐다. 허리에 치맛자락을 올려 흘러내리지 않게 끈으로 묶은 뒤 흰 고무신을 신고 조용히 바쁘게 움직였다.

우렁각시가 하늘에서 내려와 엄마를 돕는 듯했다. 외할머니는 커다란 두 개의 솥단지에 불을 때 밥과 국을 끓였다. 텃밭에 심은 채소를 돌보고 다듬어 음식재료로 이용했다. 세탁기가 없던 시절이었다. 열 명이 넘는 식구들 빨래를 손수 하고 널고, 개어 바구니마다 정리했다. 초등학생인 나는 많은 시간을 할머니 옆에서 보조역할로 함께 했다. 나의 텃밭 가꾸기의 시작도 이때 외할머니와 함께였는지 모르겠다. 초등학교 5학년 때의 기억이다.

"외할머니, 저녁 드세요."
"이것도 밥상이라고 차려 왔느냐? 개나 주고 다시 차려라."

둥근 양은 밥상에 낮에 먹고 남은 반찬을 통째 올려 내었더니 외할머니가 그대로 뒤집어 바닥에 던졌다. 나는 무엇이 잘못되었는지 이해하지 못했다. 엎어진 음식들을 한 통에 담아 누렁이에게 주고 새롭게 반찬을 꺼내 접시에 담아 다시 밥상을 차렸다.

"그래, 좀 나아졌네. 음식에는 각자의 온도와 색이 있단다. 아무리 먹다 남은 나물 한 가지라도 접시에 담아내야지. 모든 건 정성이 담긴 마음이다. 마음은 음식의 맛을 더해주고 몸을 살찌게 하지. 이제 네가 준비해도 되겠다."

그 뒤로 숙직하시는 선생의 밥은 내가 담당해서 차려냈다. 기본 반찬에 새로운 반찬 한두 가지를 더해 색과 온도를 맞춰 쟁반에 담았다. 상보를 덮고 보자기로 싸서 머리에 이고 15분 거리에 있는 학교에 배달하러 갔다.

동생과 함께 가는 저녁 배달은 내가 어른이 된 듯 의젓했다. 기다리는 동안 학교 구경도 좋았고 도서관에 들어가 책을 읽을 수 있었다. 학교는 놀이터가 되었고 나를 성장시켜 주는 계기가 되었다.

할머니로부터 많은 걸 보고 배웠다. 마음가짐에 따라 열악한 환경도 기회의 장이 될 수 있다. 남들이 노는 저녁에 나는 학교에서 책을 읽고 공부할 수 있었다. 일 년 넘게 공부해야 들어가는 공무원을 석 달 만에 합격할 수 있었고, 국장이 되어 우체국 텃밭을 가꾸는 인연으로 이어졌다.

외할머니는 아주까리와 참 많이 닮았다. 넓은 잎을 한없이 내어주는 것도, 뽐내지 않는 예쁜 꽃 모양도 그렇다. 아주까리도 외할머니와 참 많이 닮았다. 가녀린 줄기에 연한 가시를 달고 씨앗을 보호하며 살찌우는 것도 그렇고, 자기 살을 찢어 유용한 씨앗을 나오게 하고 본인은 바싹 말라 불쏘시개로 몸을 바치는 게 똑같다. 외할머니는 나에게 가장 단정하고 아름다운 여인으로 남았다.

아주까리 옆에는 시멘트 블록으로 쌓여 잡초나 음식물쓰레기 등을 모아두는 퇴비장이 있다. 항상 어두운 것들이 뒤엉켜 섞여 있고, 아무리 버려도 양심에 어긋 나지 않는 곳이다.

그늘 속에 가려진 쓰레기더미 그림자를 자세히 보았다. 그곳에 햇빛이 들어와 선명히 돋을새김 한다. 자주색 뿌리를 달고 있는 쇠비름, 이빨 다 빠진 옥수수, 쭈글쭈글 싹이 난 감자가 아주까리 잎 사이에 얼굴을 드러낸다.

뽑히고 밟힌 쓰라림이, 깎인 아픔이, 어둠을 뚫고 그만큼의 무늬로 형상화되어 빛을 내고 있다. 어둠 속에서는 잘 보이지 않았지만 모두 존재하고 있던 것으로 묵묵히 제 역할을 하고 있었다.

아무리 좋은 것도 나에게 맞지 않으면 내 것이 될 수 없고, 어려운 환경에서도 마음먹기에 따라 행복을 찾을 수 있다. 모든 존재에는 이유가 있는 것이다. 어둠을 통과한 나는 어떤 무늬로 빛을 낼까? 나는 어떤 발자국을 남길까.

'아리아리 스리스리 아라리요, 아리아리 고개로 넘어간다.' 강원도 아리랑이 마냥 흥겹지는 않다. 아리고 쓰리고 힘든 생활을 노래로 풀어 달래려는 마음이 엿보였기 때문이다. 항상 꼿꼿하고 정갈했던 외할머니, 호통 치시던 그 목소리가 사뭇 그립다.

들깨, 엄마의 냄새

“내 몸에 몸 쓸 그것이 들어와서 살았다는구나. 걱정하지 말라, 내가 누구냐, 나는 어떤 일이든 해결할 자신이 있다.”

2021년 7월 7일, 천둥 번개가 치면서 비가 내렸다. 엄마는 떨리는 목소리를 감추며 위암 소식을 알려왔다. 나는 조용히 흐르는 눈물을 감추려고 우체국 텃밭으로 나왔다. 가늘게 세로로 내리던 비가 땅에 닿으니 동그랗게 변하면서 방울을 가두며 큰 울림을 남겼다.

“연세가 있으시니 수술하고 회복하는 게 힘든 시간이 될 거예요.”
“엄마, 암도 함께 살아가는 거래. 수술하지 말자.”
“조금이라고 기력이 있을 때 먹고 싶은 것, 가고 싶은 곳, 함께 하면서 지내게. 응? 엄마.”

엄마는 건강하게 살았으니 수술해도 끄떡없을 거라며 끝까지 수술을 고집하셨다. 우리는 엄마를 막을 수 없었다.

엄마가 우체국에 오셨다

물색 체크무늬 셔츠를 입고 이모와 함께 언니 차를 타고 왔다. 노란 오이꽃과 자주색 가지꽃, 넓은 토란잎, 울타리를 넘어가는 밤콩, 빨간 수염을 단 옥수수 등 텃밭에 있는 모두가 엄마를 반겼다.

우리는 2층 관사로 올라갔다. 철쭉꽃이 흘러넘치는 섬진강 기찻길이 문 앞에서 엄마를 환영했다. 붉은 기운으로 환하게 웃으시라며 면장님이 선물해주신 사진이다. 멀리서 오느라 힘들었는지 엄마는 침대에 바로 누웠다. 구름 블라인드가 창문으로 들어오는 햇살을 살짝 가려주고, 건너편 은행나무에 둥지를 튼 참새들이 쉼 없이 재잘대고 있었다.

잠시 후 『병은 약으로만 고치는 것이 아니다』의 저자이신 노박사님이 찾아왔다. 자연에서 나오는 제철음식을 먹고 즐겁게 살면 병도 이길 수 있다며 엄마에게 텃밭을 가꾸어보라 권했다. 조금 시원해져 아래층으로 내려와 우리는 우체국 텃밭을 둘러보았다.

"언제부터 여기 있었다니? 들깨가 너울너울 춤춘다."

"긍께, 들깨가 노화 방지와 치매에 좋다는데 어떻게 알고 심었어?"

"안 심었는데 들깨가 나왔네. 키만 껑충해서 묶어줘야 할까봐."

"똘깨구먼. 껍질만 있제 기름이 안 나온다. 잎으로만 먹어라. 들깨는 옆을 따는 것이 아니라, 머리를 꺾어 주어야 해. 그래야 옆으로 가지를 뻗어서 튼실하게 많이 자랄 수 있지."

엄마는 아는 게 정말 많았다. 모르는 게 있으면 엄마가 다 해결해줄 것 같았다. 들깨는 오늘 순지르기를 해주면 내일은 옆으로 두 개, 세 개 계속해 가지를 뻗고 잎을 낸다. 튼실한 몇 가지만 남기고 모두 베었다. 잎이 연해 볶음하면 맛있다고 나누어 챙겼다.

구름정원 천태암에 갔다. 순천 조계산과 화순 모후산, 그리고 광주 무등산이 어깨동무하고 대웅전을 감싸주고 있어 엄마 품처럼 따스하고 평온했다. 스님이 직접 차를 내주었다. 참 훌륭한 딸을 두었다고 나를 칭찬하는 스님 말씀에 엄마는 힘을 얻는다고 했다.

"여기가 편안하고 좋구나. 곡성에서 참 좋은 사람들을 만나 이제 걱정 안 해도 되겠다. 그동안 잘 커 줘서 고맙네. 여기에 마지막 보시를 하고 싶구나."

엄마의 마지막 여행이었다. 엄마가 떠난 우체국 텃밭은 옥수수도 가지도 참깨도 깻잎도 고개를 숙였다. 한 달이 순식간에 지나갔다. 나는 매일 엄마와 통화하며 들깨 농사를 같이 지었다. 8월은 너무 더웠다. 작물들이 시들시들 맥을 못 추고 있다.

엄마, 어떡해요?

"간짓개로 하늘을 건드려봐. 하늘이 노해서 비 내려줄지도 모르지."

"말도 안 돼. 기우제를 지내도 내릴까 말까 하는데, 하늘을 노하게 한다고?"

"옛이야기가 있으니 한번 해봐."

"하느님, 우리 호박이 쪄서 죽는데 어쩔라요."

곡성의 옛이야기인 「신선바위」와 「강맥이」를 보면, 여자들이 하늘을 노하게 해서 비를 내린다. 나도 대걸레자루를 들고 호박잎을 건들면서 말했지만 비 올 기미는 보이지 않았다. 혼자 말하는 소리가 하늘까지 닿았겠는가! 여러 사람의 마음이 더해야 울림 되어 하늘에 닿을 수 있겠지. 민심을 거스를 수 있는 건 없다.

우체국은 최일선에서 고객의 마음을 모으고 전달해주는 역할을 하는 국가기관이다. 우체국이 잘 돼야 나라가 잘 사는 일이다. 우체국 텃밭이 풍성해야 우체국 고객의 입이 즐겁다.

참깨가 목이 말라 죽겠다고 자꾸만 소리쳤다. 안 되겠다 싶어 뜨거운 뙤약볕이 쬐는 한낮에 물을 주었다. 깻잎이 더 타들어갔다. 엄마는 급하게 먹는 밥이 체한다며 아침저녁 햇볕이 없을 때 물을 주는 거라고 했다. 삼복더위에 참깨꽃이 연분홍색으로 물들며 예쁘게 피었다.

언니와 이모가 우체국 텃밭에 왔다. 농사일을 도와주려고 온 것이다. 엄마는 병원에 입원해 올 수 없었다.

"참깨꽃은 요정이 쓰는 마술모자처럼 생겼지!"

"열려라, 참깨! 하면 우수수 돈이 쏟아질 것 같아."

"그러네. 참깨가 들깨보다 비싸니 돈이 쏟아지는 게 맞지."

"나는 금방 날아가 버리는 참깨보다 은은한 향기를 품은 들깨가 더 좋더라."

"나도 그래. 뾰족한 참깨보다는 둥글둥글한 들깨가 더 좋지. 잎도 먹을 수 있고."

"엄마랑 들깻잎김치를 담았는데……."

미혼인 막내와 함께 살고 있던 엄마는 수술 후에도 우리가 불편할까 염려되어 요양병원으로 간다고 했다. 코로나19로 면회를 제대로 할 수 없을 시기였다. 충분한 간호와 요양이 필요하다는 이유를 대면서 우겼다. 항상 본인보다는 자식이 우선이었던 엄마는 스스로 외로운 선택을 하셨다.

가정이 있는 우리는 서로 눈치만 보며 자신이 모시겠다고 선뜻 나서지 못했다. 엄마의 생각을 존중해서 엄마 뜻대로 해야 한다고 결론을 내렸다. 그때 내가 모시겠다고, 수술을 조금 더 말렸으면 어땠을까?

이별의 냄새

담 너머 감나무에 앉아 연일 울어대던 매미 울음도 그치고, 담쟁이잎에 붉은 빛이 도는 9월이 되었다. 작은 바람에도 들깨꽃이 떨어져 땅에 쌀가루를 뿌려놓은 듯 하얗게 변했다. 고소한 냄새가 담장 밖으로 퍼져 나갔다. 텃밭에 참새들이 하나둘 모이더니 큰 까치들도 날아왔다. 텃밭이 새들의 맛집이 되어 들깨의 절반을 먹어 치웠다.

서둘러 들깨를 거두었다. 두꺼운 비닐을 깔고 그 위에 넓게 쌓았다. 어김없이 까치가 마당을 점령했다. 문을 열어두고 계속 밖을 보며 새들을 쫓아야 했다.

바싹 마른 들깨는 도리깨질한 후, 줄기를 들고 하나하나 막대기로 두드리며 털어냈다. 검불을 걷어내기 위해 선풍기를 틀고 바람에 날렸더니, 들깨가 통째 벽 쪽으로 날아가 버렸다. 들깨의 3분의 2는 바람이 먹었다.

남은 들깨를 굵은 체망에 담아 흔들면서 알갱이를 밑으로 받쳐냈다. 걸러진 들깨를 물에 씻었다. 둥둥 떠오르는 껍질은 버리고, 밑에 가라앉은 것들을 담았다. 뜨는 걸 버리다보니 들깨는 점점 줄었다. 어떻게 해야 할지 막막했다. 모르는 건 옆집 할머니에게 물어보라는 엄마의 말이 기억났다. 금손할머니는 작은 체망으로 물에 뜬 들깨를 걷어 삼베보자기에 널어주셨다. 들깨는 가벼워서 물에 뜬 게 알갱이고, 가라앉은 건 돌이라는 것이다. 결국, 들깨는 10%만 내가 먹고 나머지는 참새와 바람과 물이 다 먹었다. 이듬해 돌담 밑에서 수북하게 자라 깻잎으로 다시 돌아왔다.

2021년 11월 4일, 엄마는 우리가 갈 수 없는 먼 나라로 떠나셨다. 홀로 지낸 요양병원 생활 두 달을 빼면, 병을 알고 우리랑 함께 한 시간은 수술 전후 한 달 정도였다. 죽음까지도 본인이 선택하신 엄마였다.

1994년 11월 4일은 도양우체국으로 발령 나서 우체국 직원으로 처음 근무한 날이다. 엄마 품을 떠나 우체국 품으로 들어간 날, 엄마는 나의 곁을 떠난 셈이다. 엄마의 마음이 우체국으로 옮겨간 듯했다. 이제 우체국 텃밭에 정성을 쏟으라는 것만 같았다.

바람에게 말했네

천태암에서 한 엄마의 말이 기억나 그곳에서 49재를 지냈다. 나는 매주 수요일에 엄마를 만나러 천태암으로 올라갔다. 엄마를 만나러 가는 길엔 항상 비가 왔다.

'하늘도 슬퍼서 우는 걸까? 가시는 길 깨끗하게 청소하는 걸까? 근심 걱정 모두 깨끗이 씻고 오라는 걸까?'

엄마를 만나고 내려올 때는 비가 그치고 해가 떴다. 빨간 까치밥에도 초롱초롱 방울이 매달렸고, 은행나무 노란 잎도 반짝반짝 빛났다. 내 마음도 한결 가벼워지고 온몸에 따뜻한 기운이 퍼졌다. 근심 걱정 버리고, 건강하고 재미있게, 행복하게 잘 살라는, 엄마의 선물이다.

바람이 불어오는 쪽을 본다. 이 바람은 어디에서 오는 걸까? 어제 꿈에 엄마를 봤다. 꽃밭에서 환하게 웃으며 바구니 가득 쑥부쟁이꽃을 따고 계셨다. 바람은 어디든 갈 수 있다. 여기 이 바람도 엄마의 소식을 안고 꽃밭을 지나 나의 손끝에 와 닿았겠지. 나에게 속삭이는 바람의 뜻은 정확히 알 수 없지만, 가슴을 활짝 펴고 숨을 크게 들이마시며 따스한 바람을 몸속에 담았다.

'그리운 엄마, 우체국 텃밭에서 만나요. 쑥부쟁이 꽃바구니 안고 갈게요.'

고구마, 옆으로 가는 인생

가난이 부른 추억

바람도 없이 조용하게 비가 내리고 있다. 텃밭 작물들에게 좋은 비겠지. 비 오는 아침엔 달콤한 커피 향이 그립다. 노박사 사모님이 모닝커피를 함께 하자며 오셨다.

"가랑비에 옷 젖는 줄 모른다는데 가랑비가 소리 없이 오네요."

"글쎄, 이슬비인데."

옛날에는 모두 가난했다. 달갑지 않은 손님이 찾아왔는데, 점심때가 되어도 돌아갈 생각을 하지 않았다. 마침 비가 오는 것을 본 주인이 꾀를 내어 '가라고 가랑비 오네.'라고 말했다. 이 말이 떨어지자마자 손님은 '있으라고 이슬비 오네.'라고 응수하며 버티었다고 한다. 그래서 생긴 말이 '가라고 가랑비, 있으라고 이슬비'라는 것이다. '가라고' 하여 '가랑비'일 리 없고, '있으라고' 하여 '이슬비'일 리가 없다. 어원이 궁금했다.

가루처럼 내린다고 가랑비였을까? 옛 문헌에 ᄀᆞᄅᆞ는 안개를 말했는데, 가랑비는 안개비인가? 가랑비든 이슬비든 이름만 다를 뿐 같은 것이 아닐지. 사람의 기억이 더해져 지금의 현상이 말로 표현되겠지.

이모는 전남 보성군 미력면 최부잣집에서 살았다. 외할머니는 큰딸을 성씨 하나만 보고 고개 넘어 화순군 이양면에 사는 가난한 안동 권씨 집에 시집보냈다고 한다. 쌀밥만 먹고 귀하게 자랐던 딸이 8남매 종손집 맏며느리로 살아갈 일이 걱정되었다. 식구들이 많아 보리밥도 제대로 먹지 못할 딸이 걱정되어 새벽이면 보따리를 이고 고개를 넘으셨다. 막상 딸을 보러 집에는 들어가지 못하고 멀리서만 지켜보다 다시 집으로 되돌아오곤 하셨다는데, 항상 외할머니 치맛자락은 젖어 있었단다. '칠팔월 은어 곯듯 배가 홀쭉하더라'라며 눈물을 감추는 외할머니를 보면서 이모는 시집을 안 가야겠다고 마음먹었다. 그러다가 엄마의 소개로 포도농사를 짓는 이모부를 만나 결혼을 했다.

고구마 옆 포도

고구마는 조선시대 조엄이 일본에서 구황작물로 들여온 건강식품이다. 이모는 고구마를 감자라고 불렀고, 감자는 하지감자라 구분했다. 땅속에서 캐는 덩이식물인 고구마와 감자는 왜 이리 왔다 갔다 할까?

감자는 줄기가 비대해져 변한 것이기에 둥그렇고, 고구마는 뿌리이기에 끝이 가늘고 잔뿌리가 많다. 지금은 감자가 대표적인 주식이고 세계인의 사랑을 받고 있지만, 원래 감자는 고구마를 말한다.

고구마는 영어로 Sweet Potato(단맛이 있는 감자)이고, '포테이토'의 어원을 찾아보니 원산지에서 고구마를 뜻하는 '바타타'라는 것이다. 감자에게 이름과 명성을 모두 빼앗긴 셈이다.

감자와 경쟁하는 고구마는 태생도 모양도 다르다. 가지과인 감자와 달리 고구마는 메꽃과이다. 덩굴을 뻗는 것도, 잎 모양도, 꽃도 나팔꽃과 닮았다. 고구마밭에 분홍색 꽃이 피었다. 백 년에 한 번 핀다는 행운의 고구마꽃이다. 연분홍 꽃에 이슬방울이 반짝반짝 보석처럼 빛난다. 별과 달이 밤새 재미있게 놀았다고 꽃에 준 아름다운 선물 같다.

요즘은 품종개량으로 꽃을 많이 피우는 종자도 있다. 관상용이 아니라 먹는 고구마는 굳이 그런 품종까지 심을 필요는 없으리라. 땅 위에서 옆으로 가며 자식을 키우는 고구마는 어렸을 때 입을 즐겁게 해주었던 포도나무를 생각나게 한다.

포도는 양팔을 옆으로 길게 뻗고 큰 잎으로 빛을 모아 자식을 키운다. 이모 집은 포도밭을 했다. 문중 산을 개간하여 포도를 심은 밭이다. 원두막에 앉으면 고속도로 너머 멀리 대학교도 작은 집처럼 보였다. 포도가 익으면 따는 일을 돕고, 저녁에는 원두막에서 포도서리를 하는 사람들 때문에 밤을 새우며 지키는 역할도 했다.

포도를 딸 때는 각별히 주의해야 한다. 가지가 부러지면 그 나무에는 포도가 열리지 않기 때문이다. 포도 따는 일은 이모부가 하고 우리는 바구니에 담긴 포도를 옮기는 역할만 했다. '나도 포도를 잘 딸 수 있는데, 항상 무거운 바구니만 드는구나.' 하얀 봉지를 열어 막 눈을 뜬 포도와 눈맞춤하고 전해줄 이야기도 많은데, 아직 때가 아닌가보다.

이모부는 항상 제일 먼저 익은 포도를 가져와서 엄마에게 맛보게 했다. 음식을 만드는 엄마는 미각이 뛰어나다. 이모를 만나게 해준 엄마에 대한 고마움이 포도알에 담겼다. 엄마는 한두 알만 먹고 입맛을 다시는 내게 통째로 주었다. 하얀 분가루를 내며 포도알들이 일제히 나를 바라보며 기다린다. "너 참 탐스럽게 잘 생겼다." 칭찬 한마디 하고 냉큼 입속으로 쪽 빨아먹었다. 황금물이 내 몸 구석구석 퍼지는 황홀한 맛이었다.

이모네가 포도밭을 한 덕분에 우리 입은 항상 즐거웠다. 아래쪽에 자라는 포도는 양분을 많이 받아 상품 가치가 있다. 수확이 끝나더라도 위쪽 가지에 몇 송이의 포도가 또 달린다. 이것이 머루포도이다. 알의 크기는 작고 헐렁하지만, 늦가을에 서리를 맞고 자란 덕분에 새콤달콤 맛있다. 머루포도는 우리가 마음껏 따먹을 수 있다. 서로 찜을 해두고 포도가 익기만을 기다리며 잔가지를 자르고 돌봐주었다. 포도순은 옆으로 가지를 뻗으며 주렁주렁 달리기 때문에 적당한 길이에서 가지를 잘라주어야 잘 익는다.

포도 옆 고구마

승용차에는 항상 고구마말랭이가 있다. 출퇴근길 밥 대용으로, 입을 쉼 없이 놀려 졸음을 달아나게 하려고 먹었다. 초등학교 시절 숙제로 컵에 고구마를 키운 적이 있었다. 물에 반쯤 잠긴 고구마에서 뿌리가 나오고, 보라색 순이 나오는 모습은 매일 봐도 신기했다. 고스란히 관찰일기에 기록해 선생님께 칭찬을 받았다.

옛날에는 무광이라고 고구마 몇 개를 땅에 심어 난 싹을 두 마디씩 잘라 다시 심었다. 요즘은 원예사에서 한 다발씩 고구마순을 판매한다. 여린 순을 잘라 판매하는 것이라 예약은 필수다. 조그만 텃밭이라 많은 양은 필요 없고 다른 사람이 사고 남은 것을 샀다. 주인에게 물어보니 꿀고구마라고 맛있으니 걱정 안 해도 된다고 했다.

어제 종일 비가 내려 땅도 이미 고구마를 맞이할 준비를 마쳤다. 부지런히 꽃대가 올라온 열무와 알타리를 뽑아냈다. 그 자리에 고구마를 한 줄로 심기로 했다. 큰오빠가 호미로 구멍을 파서 먼저 수북이 물을 주었다. 그 뒤를 이어 언니가 한 가닥씩 구멍에 놓아주었다. 나는 호미로 땅을 한쪽으로 밀어낸 뒤 그 틈에 고구마 순을 넣고 호미를 뺀 다음, 손으로 옆의 흙을 긁어 북돋움 했다.

고구마는 줄기를 따라 뿌리를 내리기 때문에 너무 깊게 심으면 덩이가 잘 맺히지 않는다. 땅속 깊이 들어간 고구마는 캐기도 힘들다. 하나하나 심으면서 '잘 자라렴' 말을 건넸다.

처음에는 시들하더니 어느 순간 힘을 받아 꼿꼿해지고 무럭무럭 자랐다. 고구마는 줄기가 넓게 퍼져 땅을 덮기 때문에 한번 풀을 매주면 잡초 걱정을 하지 않아도 된다. 제법 잎이 커지면서 고구마대가 통통해진다. 기다란 줄기를 들어 올리고 뿌리 쪽과 맨 위쪽 다섯 마디를 남기고 땄다. 줄기가 난 반대쪽으로 꺾어야지 '똑' 소리가 나며 잘 꺾인다. 그렇지 않으면 원줄기가 부러지기 십상이다. 따도 따도 계속 내어주는 고구마순을 오지게 많이도 먹었다.

내심 많은 양의 고구마 수확을 기대하고 고구마를 캤다. 겨우 한 박스 정도만 나오고 잔뿌리만 잔뜩 달려 있었다. 고구마는 척박한 곳에서 잘 자란다. 거름기가 많아서였을까, 잎이 무성하다 보니 줄기마다 뿌리를 내려 한곳으로 집중하지 못한 결과이다. 언니는 줄기가 특화된 품종도 있다며 나를 위로했다.

떼루아!

고구마는 저장 과정에서 전분이 당분으로 변하여 전분이 높을수록 맛이 좋다. 고구마는 종류가 많다. 쪄서 먹으면 밤처럼 포근포근한 밤고구마, 구워 먹으면 꿀물이 뚝뚝 떨어지는 물고구마, 크기는 작지만 수분과 당분이 풍부한 한입고구마, 노란색 베타카로틴이 함유되어 항암 작용에 좋은 호박고구마, 간 보호 기능과 항산화 활성이 높은 자색고구마 등이 있다.

와인 용어 중에 떼루아란 단어가 있다. 프랑스어로 떼루아는 땅이다. 같은 포도로 와인을 만들더라도 땅, 지역, 기후, 제조 방법에 따라 와인의 맛이 다양하게 변화하여 떼루아를 브랜드로 인정하고 있다.

고구마도 마찬가지다. 같은 종류를 심어도 땅, 지역, 기후, 재배 방법에 따라 맛과 성질이 달라진다. 프랑스 포도를 생산지별로 다른 맛을 인정하는 떼루아처럼 영암 황토고구마, 해남 꿀고구마 등 생산지를 건 이름으로 브랜드화 하여 지역의 맛을 바로 알 수 있는 전략이 필요하다.

"내 걱정하지 마라. 그럭저럭 살고 있다. 애들은 어때?"

이모랑 통화하면 항상 '그냥 그래'로 시작해서 아이들 안부와 당부로 끝난다. 모든 걸 내어준 이모다. 이모는 2년 사이에 가장 가까운 사이인 남편과 언니, 동생을 보내고 지금은 딸집에서 손자를 돌보며 지내고 있다. 가녀린 등에 짐이 무겁다. 이모는 넝쿨 순을 뻗어 뿌리가 내리도록 모든 양분을 내어준 고구마와 같다. 청개구리와 두꺼비가 살 수 있게 넓은 그늘을 만들고, 무당벌레, 청벌레가 와서 먹어도 그냥 웃는 고구마. 정작 본인의 덩이는 무엇일까?

괜찮다. 아파도 아프지 않다고 말하는 이모에게 포도를 보냈다. 하얗게 분이 오른 포도를 먹을 때 가장 행복했다는 이모였다. 포도나무는 추운 겨울을 견디고 봄에 새순을 낸다. 꽃을 피우고 방울방울 열매를 매달고 붉은 와인으로 입안을 즐겁게 해준다. 이모도 평생을 열심히 살아왔으니 이제 쉬어도 될 것 같다. 당신이 내게 선뜻 등을 내어주었던 것처럼 어디든 갈 수 있게 가녀린 이모의 등에 날개를 달아주고 싶다.

이모, 바쁘다는 핑계로 전화한 지 꽤 오래된 것 같아요. 함께 여행 이야기했는데 행운의 고구마꽃이 피면 웃으면서 꼭 같이 가요.

열무, 잎을 먹어 뿌리를 먹어

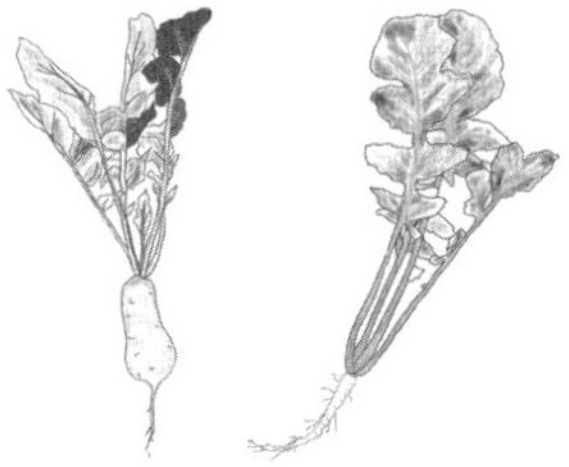

언니, 뭐해?

오늘은 24절기 중 아홉 번째인 망종이다. 어감 상으로 망(亡)할 종자? 지금 씨를 뿌리면 너무 더워 싹이 나지 않아 망한다는 걸까? 절기상 망종(芒種)은 까끌까끌한 수염이 있는 종자, 벼의 씨앗을 뿌리기 좋은 때란 뜻이다. '망종 놓치면 한 해 농사 망친다'는 옛말이 있다. 6월 5일이나 6일쯤 찾아오는 망종은 농사의 골든타임이다.

달력을 보니 6월은 기념일이 빼곡하다. 1일은 의병의 날, 6일은 현충일, 10일 민주항쟁일, 25일 한국전쟁일 등이다. 우리가 존재할 수 있게 목숨을 바친 분들의 희생, 그 근본 뿌리(種)를 잊지(忘) 말아야 한다. 망종이 6월에 들어 있는 이유인지도 모른다. 망종은 여름이 성큼 다가왔음을 알려준다. 이맘때는 보리밥 한 그릇에 열무김치 한 가닥 올려서 먹으면 시원하고 맛있다. 열무김치는 언니를 생각나게 하는 음식이다.

"언니, 자고 있는데 깨운 건 아니지?"

"아니, 밥 먹고 드라마 보고 있지. 지금 올라가고 있는 거니?"

"응. 요즘은 뭐에다 밥 먹어?"

"이제 더워지니 열무김치가 맛있게 익었지."

"그래 맞다. 이맘때는 새콤한 열무김치에 국수 말아먹었지."

"망종이 지났으니, 장마로 열무가 녹기 전에 뽑아야 하는데."

"언니, 이번 주말에 뭐해?"

"나야 별다른 계획은 없는데, 같이 열무김치를 담을까?"

"좋지. 안 그래도 한주아빠가 언니가 담아준 김치 없냐고 찾던데."

"은근히 제부가 맛을 안 다니니깐. 피곤하겠다. 운전 조심하고."

"응. 언니도 잘 챙겨서 먹고. 잘 자."

매일 퇴근 후 저녁 두 시간은 나를 위한 시간으로 정했다. 월요일은 재봉, 화요일은 영상편집, 수요일은 글쓰기, 목요일은 그림, 금요일은 동시를 쓴다. 모두 손으로 만들어냈다. 천이 원피스가 되고, 현상에 이야기가 입혀지고, 단어들이 집을 갖는다. 생명을 깨우고 살아 움직이게 하는 나는 작가다.

신데렐라의 유리구두는 12시지만 나는 9시가 되면 현실로 돌아온다. 이제 엄마와 아내로 돌아가야 할 시간, 매일 밤 9시에 고속도로를 달린다. 익숙하면 방심하게 되고 졸음이 밀려온다. 전화로 언니를 부른다.

텃밭에 무엇이 자라고 어떻게 하면 되는지 묻는다. 무슨 작물을 심을지 고민도 함께했다. 같은 부모를 둔 자매는 체질이 닮는다. 나는 병원 갈 시간도 없고 필요도 없다. 이미 알고 있는 언니에게 상담하면 처방을 내려준다.

내가 어렸을 때 대부분을 살았던 마을은 정착부락, 현재의 문흥지구 자리다. 이곳은 길 하나를 사이에 두고 오치동과 문화동으로 나누어져 있다. 처음에는 오치동 소재인 농장에서 일을 돌보며 관리하는 집에서 살게 되었다. 언니는 당연히 서산초등학교를 다녔다. 언니는 공부를 잘해 일등을 도맡아 했다.

　　엄마는 가난했지만 월요일마다 우등생으로 불리는 언니 이름을 듣는 재미로 살았다고 말했다. 농장 관리 기간이 끝나면서 길 건넛집으로 이사를 하게 되었다. 그곳이 문화동이다.

　　언니를 시샘하는 동네 남학생의 투고로 3학년 중간 학기에 잘 다니던 초등학교를 옮겨야만 했다. 언니는 정든 학교를 떠나기 싫었다. 더욱이 가자마자 시험을 보게 된 언니는 점수가 낮게 나왔고 이후 실망하여 공부할 재미가 없어졌다. 발 하나를 뻗으면 오치동인데 그쪽 학교에 가고 싶다고 매일 울었다. 만일 그 학교에 계속 다녔다면 지금쯤 생활도 변했을 거라며 그때가 제일 좋았다고 지금도 아쉬워한다.

　　우리 마을은 버스를 타려면 빠른 걸음으로 20분 이상을 걸어야 하는, 아무도 관심이 없는 변두리 지역이다. 공동묘지가 있는 고개를 넘어야 도착할 수 있어 가정방문도 오지 않는 곳이다.

　　열무와 알타리, 모두 똑같이 무의 어린아이다. 몸에 좋은 무의 종자를 개량하여 잎을 주로 먹는 건 열무로, 뿌리를 먹게 만든 게 알타리다. 열무와 알타리는 무의 자식이지만 커도 무가 될 수 없다. 처음부터 그렇게 만들었기 때문이다.

동거

열무김치를 좋아하는 나는 해마다 열무를 심는다. 처음에는 텃밭을 작게 일궈 심을 공간이 부족했다. 상추와 가지, 오이, 토란, 감자가 이미 자리를 차지하고 있었다. 양념으로 쓸 고추를 위해 일정 공간을 남겨두어야 했다. 젓갈에 쌈을 싸 먹는 열무를 포기할 수는 없었다.

고추 모종을 위해 남겨둔 밭에 열무를 심기로 했다. 두둑과 이랑을 만들고 거름을 주어 검정치마 옷을 입혀둔 상태였다. 열무는 파종하고 한 달 정도 지나면서부터 수확할 수 있다. 고추는 모종으로 5월에 심어 가을까지 가니 그 사이에 열무가 자랄 시간은 충분했다.

열무는 습한 밭을 싫어한다. 물기가 많으면 뿌리가 녹아버린다고 했다. 고추를 심기 위해 만들어놓은 두둑의 비탈이 열무에게 맞춤 장소였다. 열무는 두 종류가 있다. 무 잎처럼 줄기를 기준으로 잎이 있고 없고를 반복하는 결각종과 배추처럼 잎이 연속적으로 붙어 있는 판엽종이다. 원예사에서 결각종 열무 작은 봉지를 샀다.

비닐이 벗겨지지 않게 호미로 콕 찍어 구멍을 뚫었다. 구멍마다 열무 씨앗 서너 개를 넣고 흙으로 살짝 덮었다. 작은 밭에 뿌리다보니 절반 이상이 남았다. 남은 건 가을에 뿌리면 된다.

일주일이 지나자 떡잎이 나오고, 며칠 더 있으니 떡잎 사이로 본잎이 자라기 시작했다. 까만 비닐 위에 올라온 초록이 싱싱하고 예뻤다. 고추밭 밑이라 벌레도 없고 부드러웠다. 조금씩 솎아서 점심 때 반찬으로 먹었다. 열무가 자라는 50일 동안 설레고 즐거웠다.

오늘은 언니와 함께 직접 열무김치를 담갔다. 먼저 열무 손질을 한다. 칼로 뿌리를 살살 긁어내듯 벗기고, 잔뿌리와 잎사귀 끝은 살짝 키를 맞추어 잘라준다. 줄기는 제일 끝에 있는 누런 잎은 떼어내고 손바닥 크기로 삼등분을 해야 양념이 고루 묻고 씹는 맛도 일정해진다.

자른 열무는 흐르는 물에 가볍게 한번 씻은 뒤, 천일염을 사용해 켜켜이 뿌려준다. 물로 손에 묻은 소금을 살짝 헹궈 30분간 절인다. 깨끗이 한다고 여러 번 씻으면 풋내가 나서 맛이 없다. 절임 한 후 헹궈내는 과정이 있으니 너무 많이 씻지 않도록 해야 한다.

언니의 열무김치는 특별하다. 보통 김치는 찹쌀풀을 써 부친다고 하지만, 열무김치에는 보리밥을 갈아서 넣는다. 점성은 유지하면서 시간이 지나도 따로 놀지 않고 잘 붙어 더 구수한 맛을 낸다. 새우젓만 쓰는 것보다는 까나리액젓을 넣어야 감칠맛이 더 난다.

열무는 단순히 고춧가루로 버무리는 게 아니라, 막 따온 빨간 고추와 말린 고추를 함께 넣어야 맛있다. 홍고추와 마른 고추는 건더기가 보일 정도로 짧게 갈아야 한다. 선명한 붉은색이 맛을 부르고, 거칠면서 부드러운 식감이 자연스럽게 어우러진다.

어느덧 30분이 지났다. 열무의 높이가 쑥 줄어들고 뿌리 쪽 줄기는 숨이 죽었다. 절인 열무는 두 번 씻어 물기를 충분히 빼둔다. 너무 오래 간을 하면 물러져 아삭함이 사라진다. 쪽파는 손가락 한 마디 간격으로 썰어 따로 준비한다. 절인 열무와 함께 버무리지 않고, 양념에 고춧가루를 먼저 섞은 다음 마지막에 넣어야 수분 조절이 잘 된다.

재료를 섞을 때는 한꺼번에 넣지 않고 양을 고려해 소분하여 버무린다. 열무줄기를 부러뜨리지 않도록 대야 안에서 돌려가며 무친다. 손으로 돌리고, 대야를 돌리고, 열무를 돌리는 방식이다. 너무 적게 주무르면 양념이 골고루 배지 않고, 너무 많이 주무르면 풋내가 난다. 손으로 전체가 고르게 버무려지게 집중해야 한다.

막 담은 열무김치는 바로 먹어도 되지만, 하루나 이틀 두면 양념이 깊게 스며든다. 별다른 반찬 없이도 여름 한 끼를 책임질 수 있다.

열무가 망했다

고추를 뽑고 난 텃밭에 봄에 심고 남은 열무와 알타리씨를 뿌렸다. 가을은 날씨가 시원해 잡초도 덜 자라고 벌레 피해도 적다. 비닐 이불을 걷어내고 좀 더 많이 심을 마음으로 두둑을 높이지 않고 상추밭처럼 평탄하게 만들어서 뿌렸다.

"이것이 열무라고요?"

"봄에 이곳에서 열무가 잘 되어 많이 뿌렸는데……."

"아이고, 같은 자리에 또 뿌리셨어요? 열무는 연작하면 안 되는데요. 하나도 못 먹겠네요. 얼른 다 뽑고 다른 걸 심으세요."

봄에 맛있게 먹었던 열무를 기억하시고 면장님이 오셨다. 밭에 누런 그물망을 덮어놓은 듯 녹색 잎은 없고 까칠까칠한 뼈대만 꼿꼿이 서 있다. 땅속에 숨어 있던 벼룩잎벌레가 살겠다며 올라와 잎을 다 먹었다. 열무나 알타리 등 무 종류는 같은 곳에 연속해서 뿌리면 안 된다는 걸 나중에 알았다.

잎이 초록색을 띠는 건 남기고 주변을 다 뽑아 숨을 쉬게 했다. 일주일이 지나자 조금씩 본 모습을 찾아가기 시작했다. 결국은 뿌린 열무의 4분의 1 정도만 먹을 수 있었다. 알타리는 땅속에서 엄지손가락만 하게 뽀얀 살을 불려 달고 맛있었다.

열무를 뽑는데 함께 자란 개망초가 바람에 살랑거렸다. 뜨거운 볕이 좋아 망종에 피는지, 꽃핀 얼굴이 환하다. 일본이 조선을 망하게 하려고 이 꽃의 씨를 뿌렸다 하여 亡(망할 망)초라 했다는 말이 있다. 개망초의 꽃말은 멀리 있는 사람을 가까이 오게 하고 가까이 있는 사람을 행복하게 만드는 '화해'다.

언니는 달걀프라이를 닮았다고 달걀꽃이라 불렀다. 열무비빔국수에는 고명으로 달걀프라이를 올려주었다. 입맛이 없을 땐, 잘 익은 열무김치에 국수를 말아 먹어도 좋고, 흰 밥에 알타리김치를 얹어 먹으면 입맛이 되돌아온다. 언니의 열무김치는 잊을 수 없는 맛이다.

옥수수, 바라만 봐도

반가운 손님이 오려나?

허공에 그물을 쳤다. 옥수숫대 사이에서 부지런한 거미가 집을 지었다. 길고 넓적하며 튼튼한 잎사귀를 가진 옥수수는 곤충들 백화점이다. 내가 곤충이라 해도 옥수수 잎에서 쉬고 노는 걸 좋아했을 것이다.

시어머니는 '아침에 거미를 보면 주머니에 돈이 생기고 밤에 거미를 보면 도둑이 들어온다'고 했다. 거미는 죽이지 말고 밖으로 보내고, 밤에 거미가 줄을 치지 않도록 청소를 깨끗이 하라는 생활의 지혜였다. 거미는 모기, 나방, 해충들을 잡아먹어 우리에게 이로운 동물이다. 남의 걸 탐하지 않고 참고 기다리며 스스로 들어온 곤충만 먹는다. 거미는 열흘 동안 먹지 않고 살 수 있으며, 자기 몸집보다 큰 곤충이 오면 거미줄을 끊어낸다. 그날 친 거미줄은 거둬들이고 다음날 새롭게 짓는다. 평생 실을 뽑는 설치예술가 거미가 멋진 예술품을 걸어놓았다. 밤이면 달과 별이 걸리고, 아침엔 이슬과 햇살이 반짝인다. 오늘 반가운 손님이 오려나?

노박사 사모님이 왔다. 처음 수확한 옥수수라며 맛보라고 찐 옥수수를 가져왔다. 봄에 텃밭에 심어 여름까지 돌본 옥수수가 영글었다. 길거리에서 파는 옥수수와는 차이가 났다. 토종 옥수수라 손바닥 정도로 작았지만, 찰지고 쫄깃한 알이 터지며 내는 구수한 맛이 좋았다. 뉴슈가나 소금, 설탕 등 첨가물을 넣지 않고 쪄도 이 맛이 난다고 했다. 알이 실하고 통통한 걸 골라 말려둘 예정이라며 내년에 필요하면 주겠다고 했다.

신이 죽어 환생한 작물

옥수수밭을 보면 SF영화 「인터스텔라」가 떠오른다. 지구는 생명체가 살기 어려운 환경으로 변하고, 인류가 새로운 행성을 찾아 우주로 떠나는 여정의 시작점에 황량한 옥수수밭이 등장한다. 왜 옥수수밭이었을까? 주식을 책임지는 쌀도 밀도 감자밭도 있는데. 옥수수가 기후변화에 강한 작물이라지만 꼭 그 이유만은 아닐 것이다.

미국이 있는 아메리카 대륙에 마야제국, 아스텍제국 등 태양을 숭배하며 화려하고 수준 높은 문화를 일구어 나갔던 인디언들이 존재했다. 이들은 옥수수를 신이 죽어 환생한 거룩한 작물로 여겼으며. 자신들도 신이 옥수수를 빚어 만들었다고 믿었다.

옥수수는 인디언들에게 중요한 식량자원이다. 옥수수로 빵도 만들고 죽도 끓이며 차도 만들어 먹었다. 자연을 바라보는 시각도 옥수수에 맞췄다. '4월은 옥수수를 심는 날' '6월은 옥수수수염이 나는 달' '8월은 옥수수가 은빛 물결을 이루는 달' '9월에 옥수수를 거두는 달'이라고 불렀다.

미국 1달러 동전을 본 적이 있다. 2009년에 발행된 사카가위아 기념동전이다. 앞면에는 아메리카 원주민 여인 사카가위아가 있고, 뒷면은 원주민과 함께 옥수수, 넝쿨 콩, 호박이 새겨져 있다. 서로의 단점을 보완하여 도움을 주는 '세 자매 농법'의 지혜를 기리기 위해 만든 거다.

'세 자매 농법'이란 밭에 옥수수를 먼저 심어 15cm 정도 자라면, 사이사이에 넝쿨콩과 호박을 심어 같이 키우는 방식이다. 옥수수는 넝쿨콩과 호박의 지지대가 된다. 콩은 공기 중 질소를 빨아들인 뒤 뿌리로 보내 옥수수와 호박에 영양분을 공급해준다. 호박은 큰 잎으로 땅을 덮어 흙이 건조하거나 잡초가 나지 않도록 도와주는 역할을 한다.

옥수수는 여름이면 빠지지 않는 간식이다. 담 아래를 점령하고 있던 결명자를 일부 뽑아내고 옥수수 모종을 심었다. 주변에 호랑이밤콩과 호박도 심었다. 인디언의 지혜 '세 자매 농법'을 한 것이다. 이제 지켜만 보면 된다. 서로 도우며 알아서 잘 커줄 거다.

엄마와 이모와 언니, 그리고 시어머니

장마가 지나가니 옥수수는 내 키를 넘어 무럭무럭 컸다. 옥수수 줄기 끝에 나락처럼 노란 씨앗을 매달고 흔들거리며 개꼬리가 나왔다. 수꽃이 피었다. 잎사귀 사이로 연분홍색 머리를 보이며 아기 옥수수가 쏙 고개를 내밀었다. 흔히 말하는 옥수수수염은 암꽃의 수술로, 암술 하나에 옥수수알이 하나씩 달린다. 비단처럼 가늘고 부드러운 수염이 알맹이를 키우고 있다.

시어머니는 개꼬리가 나오면 웃거름을 줘야 한다고 했다. 뿌리가 다치지 않게 주먹 크기로 비켜나서 한 주먹씩 땅속에 묻어주면 된다. 이제는 할 일이 없다. 체로키족이 6월을 '말없이 거미를 바라보게 하는 달'이라고 한 이유를 알겠다.

"처음 하는 농사인데 어쩜 이렇게 풍성하게 키웠다냐!"
"고구마순도 끊어서 나물해 먹으면 맛있겠다."
"여기 토란 좀 봐. 우산으로 써도 되겠네."
"어찌 알고 옥수수와 콩을 함께 심었을까!"
"수염이 거뭇해졌으니 이제 따야겠다."

엄마와 이모, 언니가 왔다. 텃밭을 둘러보고 그동안 키운 작물들을 하나하나 살핀 후 함께 수확했다. 엄마와 나는 옥수수를, 언니와 이모는 고구마순을 땄다.

엄마가 옥수수 상태를 봐가며 따면 나는 뒤에서 소쿠리에 담았다. 옥수수잎이 따갑다며 던져준 옥수수를 바깥에서 받으라고 했다. 암과 싸움 중이던 엄마는 아픔도 잊고 옥수수를 땄다. 나는 가운데 길가로 모인 옥수수를 주워 소쿠리에 한가득 채웠다.

고구마순을 까는 동안 옥수수를 삶았다. 조금은 이가 빠지고 못난 옥수수지만 엄마가 웃으며 맛있게 드셨다. 점심밥을 막 먹고 와서 배가 불렀지만, 아무것도 넣지 않고 삶은 옥수수는 정말 맛있었다. 그것이 엄마의 마지막 옥수수였다.

찬바람이 불어 고구마를 수확하고 남은 자리에 옥수수가 싹을 틔우고 있었다. 엄마가 던진 옥수수 하나가 바구니에 담기지 못하고 텃밭에 남겨졌다. 별다른 돌봄이 없는데도 알알이 초록의 싹을 올리는 옥수수를 보며 생명력에 놀랐다.

내가 먹은 최고의 옥수수는 가을밤 영광 시부모님댁에서 먹은 옥수수다. 시골집은 백수해안도로가 있는 백수읍 논산리 월산마을이다. 바닷가 생활을 몰랐던 나는 그곳에서 많은 걸 배웠다.

벌초를 앞두고 4형제가 시골집에 모였다. 주방에는 그림은 없고 글씨만 크게 표시된 달력 두 개가 나란히 걸려 있다. 작년 달력과 올해 달력이다. 시부모님은 농사일이나 중요 행사를 달력에 기록하셨다. 9월 달력을 보니 백로, 추석이 들어 있다. 그 밑에 손글씨로 벌초하기, 옥수수 거두기, 배추 모종 심는 날, 퇴비 10포대 주문이 적혀 있다.

백로는 24절기 중 열다섯 번째 절기다. 밤 기온이 이슬점 이하로 내려가 풀잎에 이슬이 맺힌다는 것에서 유래되었다. 낮과 밤의 기온 차가 커서 곡식이 무럭무럭 성장하는 시기이다.

바닷가 마을 달력에는 물때표가 있다. 일요일 물때표를 보니 간조 10:33(72) 만조 16:14(594)이다. 지금 바다에 가면 물이 쭉 빠져 있어 조개를 캐기 좋은 시간이라고 시어머니 정서운 여사가 말했다. 우리는 벌초를 끝내고 조개를 잡으러 갈 채비를 했다.

창고에 가서 '긁개'와 '백합그레'를 챙겼다. '긁개'는 호미 크기로 손잡이 끝에 달린 갈퀴로 바닥을 뒤집거나 긁어 갯벌에서 조개를 채취할 때는 쓰는 도구다. 어른 키만 한 크기의 '백합그레'는 'ㄷ'자 형태의 철판을 모래 속으로 넣은 뒤 끌면서 부딪치는 소리를 듣고 백합을 잡는 도구다. 시어머님의 '백합그레'는 얼마나 많이 사용했는지 어깨지지대가 닳아 움푹 들어갔다. 허리띠 부분은 가죽이 벗겨져 쌀 포대에 완충재가 덧대어졌다. 주변에 맛소금 통도 함께 챙겨 바닷가로 갔다.

바닷물이 빠지는 속도에 맞추어 갯벌로 들어갔다. 우리는 '긁개'를 가지고 쭈그리고 앉아 백합을 캐고, 구멍에 소금을 뿌려 맛조개를 잡았다. 열 번 이상 긁어야 겨우 한 개의 조개를 캤다.

"와, 여기 또 있다. 할머니 최고!"

둘째 아들 범주의 환호성이 계속 이어졌다. 나이 팔순이 넘은 서운 여사가 '백합그레'를 이용해 조개를 잡은 것이다. 허리띠를 등 뒤에 밀착시켜 착용한 뒤, 한쪽 어깨에 지지대를 세우고, 손잡이 부분을 잡으며 바닥으로 눌러가면서 뒷걸음을 치며 '그레'를 끌고 계셨다. 모래 속에 박힌 백합이 그레 날에 닿아 딸깍 소리가 나면, 손목에 힘을 주어 살짝 옆으로 돌려주었다. 뒤를 따르던 범주가 그때마다 백합을 주워 담아 등 뒤에 멘 배낭 배가 볼록하게 불러 있었다.

앞을 보고 가면 발걸음도 좀 더 빠르고 힘도 덜 들 텐데. 뒷걸음치며 조심조심 한 발씩 내딛는다. 저 멀리 안마도가 보인다. 떠나온 친정을 향한 새색시의 마음이었을까? 파도가 한 차례 쓸고 가 반듯해진 모래톱에 평행한 두 줄이 그어졌다. 그 사이에 울퉁불퉁 주름이 새겨졌다. 살을 찢고 도려내어 조개를 캐는 '그레'의 삶이 시어머님의 삶과 닮아 있다.

별이 된 옥수수

대부분 시골집에는 마당이 있다. 전원주택 마당이야 잔디가 깔리고 한쪽에 꽃이 핀 정원이지만, 시골집은 대문에서부터 방문 앞까지 시멘트로 포장되어 있다. 담을 배경 삼아 가마솥이 있고, 그 옆 수돗가엔 어른 한 명이 들어가 앉을 수 있는 빨간 고무대야에 물이 담겼다. 길게 처진 전깃줄엔 빨래가 널렸고, 처마 밑에는 모자와 장갑이 걸렸다.

마당의 역할은 딱히 정해져 있지 않다. 평소에는 비어 있지만 언제든 무엇이든 채울 수 있는 공간이다. 콩이나 깨를 수확하여 널면 건조장이 되고, 돗자리를 깔고 밥상을 놓으면 식당이 된다. 텐트를 치면 야영장이 되고, 홑이불 덮고 누우면 침실이 된다. 마당은 일하는 곳이자 쉬는 곳이며, 사람과 사람이 만나는 장소다.

마당 수돗가에서 잡은 조개들을 손질했다. 해감을 시킨 맛조개는 한쪽 껍질을 이용해 길쭉한 알맹이를 빼내 따로 모았다. 체망에 담은 후 바다에서 떠온 물에 여러 번 헹구고 물기를 뺐다. 이것은 채를 썬 애호박과 함께 호박나물이 되었다.

서운 여사가 '그레'로 캔 주먹만 한 백합은 까서 생으로 먹고, 간장 종지 크기는 함께 모아 백합죽을 끓였다. 백합죽은 별다른 반찬이 필요 없다. 그냥 씻어 물만 넣고 끓이면 뽀얀 국물이 우러났다.

쌀을 물에 담가 불린 후, 박박 문질러 쌀을 둥글게 깎아야 한다. 쌀이 잘 풀어지면서 밀쳐내는 것 없이 맛이 밴다. 간을 할 필요도 없이 쪽파만 송송 썰어 고명으로 얹어놓으면 끝이다. 반찬은 묵은 김치만 있어도 충분하다.

으레껏 마당에 돗자리 두 개가 깔리고 한쪽에는 밥상을, 다른 쪽에는 모기장 텐트를 쳤다. 언제 넣었는지 가마솥에서는 모락모락 김이 올라왔다. 달콤하고 고소한 옥수수 익는 냄새가 마당 가득 퍼졌다. 시멘트 블록 두 개를 걸치고 그 위에 철망을 얹으면 즉석 불판이 만들어진다. 찜용으로 절단된 생돼지갈비는 뼈를 중심으로 옆으로 펴 굽는다.

돗자리에 술잔이 넘나들고, 돼지갈비가 숯불에 노릇노릇 익어가고 있다. 숯불갈비는 별다른 상차림이 필요 없이 집게를 들고 먹으면 된다. 옥수수알이 데구르르 굴러 별이 될 때까지 마당에서 밤을 보냈다. 멍석 위에 누워 모깃불 연기 따라 올라가면 저 높이 하늘에 뿌려놓은 별꽃들이 가득 달려 있었다. 이 시간을 저축하여 외롭고 힘들 때 한없이 꺼내보며 웃음 짓고 싶다.

시아버님이 돌아가신 지 8년째다. 올해부터는 시골 산소에서 모두 모여 제사를 지내기로 했다. 이번 주말은 시아버님 기일이다. 오랜만에 정서운 여사도 뵙고 물때가 맞으면 바닷가에 가서 조개도 잡아야겠다. 뽀얀 백합죽을 쑤어 같이 먹으면서 주름진 얼굴에 웃음살을 붙이고 싶다.

당신 곁에 있습니다

엄마, 벌써 한해가 지났어요.

작년 이맘때쯤 우체국 텃밭에서 옥수수, 토란을 보며 함께 수확하는 날을 생각했는데, 지금은 저 혼자서 담장을 넘어 밖으로 뻗어가는 콩을 보고 있어요. '너도 나만큼 열심히 살아가는구나.'

지금까지도 난 엄마가 곁에 없다는 게 실감이 나지 않아요. 꼭 옆에서 웃으며 '호박은 넝쿨을 작대기로 건드려주어야 많이 열린다.'며 농사 훈수를 두실 것 같거든요.

항상 강하고 무슨 일이든 앞장서서 해결했던 엄마, 그런 엄마가 여든셋에 암이라는 병과 살면서 처음으로 저를 찾으셨어요. '도서관에 봉사활동을 가야 하는 데 힘이 없다. 영양제를 맞게 병원에 데려다줄 수 있냐?'

그제야 엄마 곁을 지키게 되었죠. 주사를 맞는 동안 엄마 옆에 앉아 손을 보았어요. 푸른 핏줄이 드러난 창백한 살갗에 거죽만 남은 손이었죠. '내 손은 약손, 엄마의 아픔을 가져갈 손'이란 말을 되풀이하며 손을 어루만지는 데 마음이 울컥했어요.

엄마 손을 잡고 있으면 내가 오히려 살아갈 힘을 받았어요. 조심히 엄마 손을 찍었어요. 그 손에 엄마의 삶이 다 들어 있었죠. 이렇게 희고 작은 손으로 많은 사람에게 밥 보시하셨어요.

엄마랑 함께했던 한 달, 참 많은 그림을 그렸어요.

힘든 수술을 기다리며 집에 있는 동안 했던 일들 기억나세요? 엄마표음식을 배운다고 텃밭에서 열무와 쪽파를 몽땅 뽑아서 가져갔던 일도 있었죠.

하루는 깻잎 김치를 담는다고 옆집 하우스에서 큰 포대로 3개를 가져갔죠. 이모와 그 많은 깻잎을 여러 번 씻고, 물기를 제거한 뒤 양념장을 만들어 붙였어요. 그러고도 많이 남아 일부는 된장에 쑤셔 박고 일부는 이웃 주민들과 나눴어요. 정말 손이 많이 가는 일이었는데 짜증도 안 내시고 하나하나 가르쳐주셨어요. 그때 담았던 깻잎장아찌를 지금까지 맛있게 먹고 있답니다. 깻잎에서 향긋한 엄마의 냄새가 납니다.

엄마, 기억나세요. 수술 후 병원에서 함께 한 일주일.

운동을 해야 근력이 붙어 빨리 집에 갈 수 있다며, 힘든 몸을 일으켜 복도를 같이 걸었었죠. 엄마는 수술한 뒤 얼마 되지 않아 정말 힘들었을 텐데, 귀찮다 한 번도 말씀하지 않고 웃으면서 따라주셨어요. 걸으면서 간호사를 만나면, '막내딸이 이렇게 잘해요. 내가 운동을 제일 많이 하고 있는 것 맞죠.' 딸 자랑하느라 어깨를 펴고 다니셨어요.

속없는 막내딸은 일주일 동안 같이 생활하면서 조금이라도 시간을 모으려고 유별나게 부지런히 움직였네요. 병원에서 태블릿 PC로 ebook을 읽으며 엄마 목소리를 녹음한다고 이런저런 말을 건넸죠.

잠시 엄마와 함께 녹음했던 「빨간 머리 앤이 빨간 머리 앤에게」 중 '절망에서 희망을 찾아내는 아주 특별한 이야기'를 다시 들어봅니다. 지금도 귓가에 생생하게 엄마 목소리가 들리는데…….

엄마가 몹시 그립네요.

항상 자식이 우선이었던 엄마.

수술 후 우리가 불편할까 봐 요양병원으로 가겠다고 외로운 선택을 하셨어요. 매일 출퇴근길 1시간 동안 엄마랑 많은 이야기를 했던 것 같아요. 오늘 날씨 이야기로 시작해서 지금 텃밭에서 해야 할 일을 같이 계획했죠. 퇴근하면서는 우리가 심었던 작물들이 어떻게 자라고 있는지 알려드렸어요.

옥수수 옆에 콩과 호박을 함께 심어야 서로 돕고 잘 자란다는 것, 들깨는 가벼워 물에 뜨고 참깨는 가라앉는 것, 휘발성이 강한 들기름은 냉장고에 보관해야 한다는 것, 같은 곳에 열무를 연속해서 심으면 벌레들의 천국을 만드는 것 등등 텃밭이 들려주는 삶의 지혜와 텃밭 농사 비법을 많이 배웠어요.

얼마 전에 막내딸이 그림 전시회를 하게 되었어요. 엄마가 우체국 텃밭에 왔을 때를 그렸답니다. 전시회 날 유난히 바람이 세차게 불었는데 엄마가 보러 오셨나요?

엄마 손을 잡으면 항상 힘이 났어요.

엄마의 야무진 손을 제가 그대로 물려받았나 봐요. 지금도 엄마가 좋아하는 아주까리잎을 따서 말리고, 간지럽고 까만 물이 들어 손으로 벗기기 힘든 토란대도 거침없이 벗겨 삶아두었네요. 한창 고구마순에 물이 올라 통통하게 뻗었어요. 언니와 함께 고구마순 껍질을 벗겨 김치를 담으면서 엄마를 그리워했어요.

얼마 전에는 제가 키운 옥수수, 고구마순, 알타리를 뽑아 큰오빠에게 택배로 보냈어요. 그랬더니 엄마의 선물 보따리를 받았다며 전화했더라고요. 기분이 참 좋았어요.

지금도 생생합니다. 엄마의 마지막 말 '엄마, 엄마, 엄…….'

집에 가고 싶다는 엄마 말을 듣고 집으로 온 날은 단풍이 막 들기 시작할 때였죠. 잠시나마 엄마에게 단풍을 보여드리고 싶어 무등산으로 돌아서 갈까 싶었으나, '힘들어 죽겠다. 빨리 집으로 가자.'고 하셨죠. 엄마가 짜증을 내시는 모습을 처음으로 보았네요. 마음이 급하셨나 봐요. 집으로 오고 이틀 만에 다른 세상으로 떠나셨죠.

엄마는 집에 돌아와 계시는 이틀 동안, 사람들과 일일이 눈맞춤하셨죠. 모든 걸 다 담아두려는 듯했어요. '네가 힘드니 내일은 오지 마라.' 저에게 한 마지막 말이었죠. 마지막까지도 나를 생각하시던 엄마였어요.

언제나 나의 든든한 응원군이며 버팀목이었던 엄마였는데, 마지막 진통제를 넘기지 못하고 눈물 흘리며 하신 마지막 말이 '엄마, 엄마'였어요. 아마 외할머니가 데리러 왔을까요? 엄마도 외할머니의 딸이니까요.

아픔도 예쁨으로 승화시켜 제 품에서 눈을 감으셨어요. 이틀 저녁을 엄마와 함께 지새우며 맘껏 안아주고 원 없이 '곱네' '이쁘네',

‘사랑해요’ 말했네요. 엄마 사랑합니다.

엄마를 생각하면 가슴이 뜨거워집니다.

엄마를 기억하는 분들을 모시고 3일간 푸짐한 상을 차려 잔치했어요. 엄마는 국화와 장미꽃으로 장식된 작은 방에서 머무시다 연꽃옷 입고 가셨지요.

엄마를 보기 위해 눈을 감아봅니다. 엄마는 잔디밭이 넓은 큰 집에서 신발을 안으로 옮겨놓으셨죠. 연분홍 치마에 초록 저고리를 입고 밝은 햇살 속으로 활짝 웃으시며 아스라이 멀어져 가고 있어요. 저 멀리 엄마가 좋아하는 쑥부쟁이꽃이 흐드러지게 피어 있는 들판에서 외할머니가 손을 들어 기다리고 있네요. 잘 가요 엄마.

엄마와 텃밭에서

4부

배, 거둔다

내 인생의 남자들

가족은 부모·자식·부부 등의 관계로 맺어진 공동체다. 인류의 발생과 거의 때를 같이하는 가장 오랜 집단이며, 언제 어디서나 존재하는 가장 기본적인 단위이다. 동물들의 집단생활은 생물학적이지만 인간의 가족은 생물학적인 차원을 넘어 복잡하고 문화적이다.

나에게는 세 가족이 있다. 엄마가 만들어준 가족과 내가 결혼해서 만든 가족, 그리고 우체국 텃밭이 맺어준 가족이다.

엄마가 만들어 준 남자들

엄마는 5남매를 키웠다. 큰오빠, 언니, 작은오빠, 나, 그리고 남동생이다. 서로 3~4년 차이를 두고 있어 돼지, 토끼, 말, 개, 소, 띠도 다 다르다. 사람의 성격은 태어난 해의 동물을 닮는다고 한다.

십이지에 관한 설화가 있다. 옛날 옥황상제가 동물의 지위를 부여하기 위해 초대장을 보냈다. 먼저 들어온 순서대로 지위를 부여하겠다고. 소는 열심히 준비해서 갔다. 결승선을 가장 빨리 넘은 건 소의 등에 올라탄 쥐였다. 자기 발로 걷지 않고 작은 몸을 이용해 남의 등에 편승해서 오르는 기회주의자. 일등이면 된다는 자기중심

적 사고방식이 맘에 들지 않는다.

큰오빠는 돼지띠로 성실하고 관대하다. 초등학교 때 그림대회에서 일등상품으로 돼지를 받아 살림에 보탰다고 했다. 열한 살 차이가 나는 큰오빠는 나에게 아빠와 같은 존재다. 공부 때문에 떨어져 살았던 오빠는 방학 때면 잠시 내려와서 우리와 보냈다. 오빠와 함께하는 시간은 공작실에서 노는 것처럼 신났다.

큰오빠의 아이디어로 미니 병풍을 만들어 방학숙제 대상을 받았다. 그때 만든 미니 병풍이 지금도 생생하다. 달력을 반으로 접고 세로로 네 번을 더 접어 여덟 폭 미니 병풍을 만들었다. 접힌 앞쪽은 동그라미, 세모, 네모, 별, 하트 등 다양한 모양으로 오려냈다. 뒤쪽은 옷감의 성질과 무늬를 고려하여 천을 붙였다. 병풍을 펼치면 옷감이 모양이 되고 꿈이 되어 살아 움직였다. 쓸모없는 천 조각이 작품으로 재탄생했다.

큰오빠는 35년 넘게 학교에서 영어교사로 아이들을 가르치다 퇴직하고 집에 있다. 화초를 가꾸고 종종 텃밭 작물을 돌봐준다. 큰오빠의 영향일까? 나의 그림도 창의적이다. 천에 색칠하여 그림을 그리고, 옷감을 오려붙이기도 한다. 옷에 내가 그린 그림을 프린팅해서 전시도 했다.

백마띠인 작은오빠는 에너지가 넘치고, 활동적이다. 다부진 체격에 밀어붙이는 힘도 좋았다. 초등학교 체육선생님이 레슬링선수로 키울 욕심을 낼 정도다. 공부도 잘해 일등을 놓치지 않았고, 항상 최고라는 칭찬만 들었다.

작은오빠는 형이 공부로 타지에 있고, 술만 드시는 아버지를 대신하여 사내 역할을 톡톡히 했다. 우리 집 생계수단인 리어카를 끌고, 저녁에 학교가 끝나면 기다렸다가 자전거로 나를 태워주고, 토끼와 오리를 키운 사람도 작은오빠였다.

중학생이 되면서 밀알신협 장학생이던 작은오빠 덕분에 삼중당문고가 채워진 책장을 기증받았다. 삼중당문고는 어린 손에도 쏙 들어올 정도로 가벼워 어디든 가지고 다니기 좋았다.

초등학교 5학년 시절 마루에 배를 깔고 엎드려 깨알 같은 글씨를 읽는 재미가 쏠쏠했다. 『소공녀』『바람과 함께 사라지다』『작은 아씨들』을 읽으며 꿈꾸는 시간이 많았다. 나는 항상 책을 읽는 아이가 되었다. 그 시간이 지금의 나로 성장하는데 씨앗이 되었다.

임학박사이며 감정평가사인 작은오빠는 골짜기가 많은 곡성의 땅과 나무를 대부분 평가했다. 내가 미래에 가꿀 텃밭도 오빠의 손을 거쳤다. 나의 미래를 먼저 열어주었다.

막내인 남동생은 소띠로 보수적이고 안정성을 추구하는 성격이다. 소처럼 부지런하고 맡은 일을 끝까지 책임지는 성실함이 있다. 해마다 작은오빠 밭에서 죽순과 밤을 따와 몇 포대씩 가족들에게 나누어준다.

전기기능장인 남동생은 전기뿐만 아니라 시설물 관리에도 조예가 깊다. 가족 중 남동생의 도움을 받지 않은 사람이 없을 정도이다. 때로는 고집이 세고 융통성이 부족해 작은오빠와 자주 부딪힌다. 나는 동생 편을 들어주기보다는 감정조절과 자기표현 연습을 하라고 충고만 했다.

미혼으로 엄마와 함께 살다 엄마가 돌아가시자 혼자 살고 있다. 소띠들이 초년에는 고난이 많으나 말년에 복이 많다는데 남동생도 그랬으면 좋겠다.

내가 결혼해서 만든 가족

1998년 4월 5일, 영광군 백수읍 논산리 383번지에 사는 남자를 만났다. 처음에는 직장과 함께 할 자신이 없어 결혼 생각이 없었다. 자상하게 내 이야기를 들어주고 웃는 얼굴이 예쁜 그를 만나면서 생각을 고쳐먹었다. 결혼에 대한 환상이 있는 건 아니지만 적어도 내편 한 명은 생기겠지.

결혼에 조건도 걸었다. 무조건 가정이 우선이라고 말하면 안 될 것. 때로는 직장이 우선이 되더라도 이해할 것, 아이는 최대한 빨리 한 명만 가질 것, 주말부부를 할 것 등이다. 너무 당돌한 조건이었지만 IMF시절 나는 광주에서 공무원이었고 그는 대전에서 연구소 인턴사원이라 부담 없이 받아들였다,

그해 9월 13일은 엄마의 회갑날이었다. 결혼할 남자를 데려오면 백만 원만 내고, 아니면 삼백만 원을 달라는 엄마의 명령이 떨어졌다. 나는 돈 이백만 원에 신랑을 샀다. 엄마 회갑잔치에 꽃바구니를 들고 온 그를 보고 외할머니는 '고맙네' 하며 두 손을 덥석 잡았다. 첫 만남 이후 열 번도 채우지 못하고 1999년 3월 14일 흰 눈이 내리는 날 영광에서 결혼식을 올렸다.

저녁마다 전화로 내 안부를 물어주고, 주말이면 데이트하듯 모든 걸 함께 나누었다. 직장에서 힘든 일도 다 들어주고 격려해주는 신랑은 나에게 쉼터였다.

1999년 12월, 큰아들 한주가 태어났다. IMF로 연구소에 자리를 마련하지 못한 신랑은 주말부부를 끝내고 함께 살았다. 우체국 일로 바쁜 나를 대신해 육아도, 청소도, 아이 교육도 신랑이 도맡다시피 했다.

남편은 잔소리가 심하다. 가정에서 하는 일이 많으니 자연스러운 현상이다. 아침에 눈을 뜨면 제일 먼저 청소기를 돌릴 정도로 깔끔한 체를 한다. 나는 어차피 한꺼번에 치울 건데 왜 저러는지 이해가 되지 않아 그냥 무시한다.

바닥에 무엇이든 떨어져 있는 꼴도 못 본다. 내가 옷을 벗어 소파나 침대 위에 두고 하루가 지나면 그냥 한꺼번에 돌돌 말아 붙박이장에 넣어버린다. 아침에 입으려고 찾다가 화가 나서 소리치면 고개를 돌리고 모른 척한다. 정말 미운 남의 편이다.

26년 넘게 함께 살다보니 이제는 서로의 영역을 침범하지 않고 존중해주고 있다. 아침저녁으로 붓글씨를 쓰는 남편은 여유와 너그러움을 가지고 있어 나를 품어준다.

큰아들 한주는 토끼띠로 순하고 환경에 잘 적응하는 아이다. 직장 일로 바쁜 나는 다섯 살까지 친정엄마 집에 아이를 맡겨두고 주말에만 보러 갔다. 크게 우는 소리 없이 흔들침대에 눕혀주면 바로 잠을 잤다. 음식도 가리지 않고 잘 먹고 쑥쑥 잘 컸다.

내가 정한 우리 집 가훈은 '자기 일은 스스로 잘하자'다. 한주는 책임감이 강하고 정보력도 뛰어나 스스로 진로를 개척하고 있다. 오로라 사진을 찍기 위해 아는 사람 하나 없는 아이슬란드에서 봉사활동을 하며 한 달을 살기도 했다.

한주가 초등학교 3학년 때 시청자미디어센터에서 '가족 뉴스 만들기' 프로그램을 함께했다. 그 경험이 계기가 되었을까. 한주는 컴퓨터와 사진 촬영에 관심이 많다. 아이디어와 정보력을 바탕으로 각종 대회에서 상을 받아 이력서를 빼곡하게 채워갔다.

퇴직 후 나는 마을문화 활동가로 살고 싶다. 마을공동체에서 문화를 기획하고, 전파하고, 홍보를 담당할 것이다. 큰아들 한주가 영상 촬영과 편집 등 컴퓨터 작업을 할 때 도와주기를 기대한다.

둘째 아들 범주는 마흔이 된 나에게 하늘이 내려준 선물 같다. 예전에 관상가가 아들이 한 명 더 있다며, 나중에 크게 될 아이니 잘 키우라는 말을 했다. 직장 일로 바쁘고 IMF시절이라 둘째 아이를 가질 생각은 없었다. 2008년 9월, 승진하여 보성우체국으로 출퇴근하며 매일 라디오에서 듣게 되었다. '아빠! 혼자는 싫어요. 엄마! 저도 동생을 갖고 싶어요.' 출산 장려 공익광고의 영향으로 태어난 아이다.

천둥번개와 함께 비가 힘차게 내리던 2010년 8월, 둘째 아들이 태어났다. 범주는 밤에 태어난 호랑이다. 지금 날카로운 발톱을 감추고 신비한 힘을 키우고 있다. 궁합 상개띠는 호랑이띠와 잘 맞다. 나는 매일 범주를 보고 또 봐도 보고 싶다.

아이는 부모의 성격을 닮는다. 범주는 아빠의 신중함과 남을 배려하는 마음을 닮았다. 범주 덕분에 내가 젊고 건강하게 살고 있는지도 모른다. 나에게 가장 많은 영감과 기쁨을 주는 아들이다.

내 인생의 남자들이 한자리 모여

엄마가 우리 곁을 떠난 지 한 해가 지났다. 우체국 텃밭도 가을 수확을 마친 상태다. 엄마를 생각하며 곡성에서 친정 식구들과 우리 가족이 모여 하룻밤을 지내기로 했다.

나는 공무원답게 주제를 정하고 행사 준비를 했다. 엄마를 생각하며 가족이 함께하는 가을밤이라 '달빛 속삭임'으로 정했다. 나에게 힘을 주는 글자가 있다. 녹색을 입고 힘차게 손을 뻗고 있는 '힘'이라는 글자다. 고개를 살짝 옆으로 돌려 보면 '엄마'라고 읽힌다. 나에게 엄마는 힘이다.

현수막 대신 그림을 그렸다. 에너지가 쏟아지는 노란 달 안에 '힘'이라는 글자를 썼다. 꿈꾸는 파랑새와 장미꽃 한 송이가 꽂힌 작은 화병이 함께 담겼다. 이번 여행은 목사동, 죽곡, 석곡을 흐르는 대황강 물길 따라 엄마의 속삭임을 느끼며 호흡하는 시간이 되었으면 한다.

금요일 오후 6시, 우체국 텃밭에 식구들이 모였다. 휴가를 내고 오후 내내 준비했던 2층 루프 탑에 자리를 폈다. 테이블 두 개를 나란히 펴 열 명의 식구가 한자리에 앉았다. 눈높이로 병풍처럼 산이 둘러쳐져 있고 그 위로 달이 떠올랐다.

텃밭에서 가져온 오이, 가지, 호박도 함께 했다. 가을밤, 하얀 연기를 피우며 흑돼지 바비큐가 맛있게 익어갔다. 붉은 와인잔이 돌고 우리는 「엄마의 향기」를 함께 읽었다. 첫 번째 문집 『우리가 삶이라고 부르는 것들』에 수록된 엄마와 함께했던 텃밭 이야기다.

식사를 끝내고 달빛을 받으며 왕버들길을 산책했다. 목사동천을 사이에 두고 줄줄이 서 있는 왕버들이 호위무사처럼 든든했다. 중간에 있는 다리에 두 발을 걸치고 앉았다. 둥근달이 목사동천에 들어왔다. 소주잔에 달을 담아 마시면 좋을 밤이었다.

다음 날 아침 7시, 자동차로 20분 거리에 있는 아미산으로 향했다. 해발 500m 고지에 있는 천태암에 도착했다. 극락보전에 올라 석간수 한 모금으로 입을 헹구고 너럭바위에 앉아 전망을 보았다.

큰 산들이 병풍처럼 둘러쳐져 있고, 절 마당에 안개가 넓게 깔려 출렁이는 운해를 볼 수 있었다. 스님과 구름 위의 정원에서 차 한 잔을 나누었다. 여기가 선계인가? 신선이 된 듯하다.

아침은 흑돼지에 능이를 넣은 애호박찌개를 먹었다. 국물 가득 능이가 토해낸 흙 내음, 풀 향기, 꽃 내음, 나무 향기가 몸 속 곳곳에 퍼져 저절로 훈훈해졌다.

식사가 끝나자 짐을 꾸리고 죽곡 태안사로 향했다. 입구에 있는 조태일시문학관에 들러 허기진 마음을 채우고 태안사 숲길을 걸었다. 계곡을 따라 물소리 새소리를 들으며 맨발로 걷는 아침 산책길은 마음을 맑게 했다.

계곡물을 가로지른 징검다리가 여럿 있어 산 전체를 즐기며 놀이

하듯 갔다. 나뭇잎을 뚫고 내려온 햇빛이 계곡물을 희고 푸르고 보랏빛으로 만들었다. 물속에 신비한 보석이 있는 것처럼 반짝였다.

점심은 압록에서 강변을 바라보는 야외 테이블에 앉아 참게수제비를 먹었다. 몽글몽글한 게 모두 참게알인 줄 알았는데, 나중에 알고 보니 껍질까지 갈아서 끓인 거라고 했다. 수제비와 함께 먹는 고들빼기김치가 일품이었다.

마지막으로 머문 곳은 한옥 카페다. 힘든 다리 쭉 뻗고 앉아 창문 너머 넓은 잔디정원을 보며 이야기를 나눴다. 곡성에서의 1박 2일이 가족 모두에게 천천히, 깊게, 너그러운 마음으로 자신을 채워가는 힐링의 시간이었다.

"오늘도 행복한 하루 되세요."

내가 메일이나 인사 끝마디에 전하는 말이다. 한순간이라도 귀하지 않은 게 없다. 그 소중한 순간이 모여 오늘이 된다. 남에게 전하는 행복한 하루가 나를 위한 주문이다.

무, 나는 제갈무후

손은 밖으로 나와 있는 뇌와 같다. 『젊은 베르테르의 슬픔』을 쓴 괴테가 말했다. 우리 몸 전체의 뼈는 206개인데 그중 54개를 두 손이 차지하고 있다. 연필을 잡거나 붓을 들 때, 집게를 집을 때 손이 필요하다. 손이 글을 쓰고, 그림을 그리고, 요리한다. 문화의 진화를 가져온 건 머리지만 머리를 발달시키고 문자의 기록은 손이 있어 가능했다.

나는 매주 목요일이면 '생연필' 학습공동체에서 그림을 그린다. '생연필'은 생각하는 연필의 줄임말이다. 회원들은 '삶이 곧 예술이다'는 믿음으로 생활 속 감정이나 관심사를 그림으로 풀어낸다. 그림은 머리로 그려지는 게 아니다. 손의 움직임을 따라 붓이 그려낸 걸 뇌가 읽는다. 손이 많이 움직일수록 뇌가 발달한다. 옛날 어르신들은 호두 두 알을 손안에 넣고 굴렸다. 치매 예방을 위한 지혜로운 생활건강법이다.

놀이가 되다

시골에 사는 우리는 장난감이 따로 없었다. 텃밭에서 나는 작물이 음식재료이자 장난감이다. 겨울이면 뜨뜻한 방에 다들 모였다. 윗방에는 옥수수대를 엮어 만든 바구니에 고구마가 있고, 마당에는 짚에 쌓여 땅에 묻힌 무가 있다.

서너 명만 모이면 낚시게임을 했다. 준비물은 달력과 바늘, 실만 있으면 된다. 달력을 꺼내 최대한 크게 원을 그린 후 그 안에 고구마나 무를 둔다. 순서에 맞춰 실이 달린 바늘로 고구마나 무를 꺼내 먹는 게임이다. 집중하여 바늘을 내리꽂고 조심히 실을 당겨야 한다. 너무 힘을 많이 주면 한쪽으로 쏠리면서 비스듬히 들어가 바늘만 뽑힌다. 실을 잡아당기는 힘도 중요하다. 너무 힘껏 당기면 중간에 바늘이 쏙 빠져버린다. 나는 서두르고 욕심 부리다 겨우 한 개 정도만 성공하는데, 항상 큰오빠가 자기 몫 서너 개를 양보했다. 지금 아이들과 그 게임을 하고 싶어도 집에 바늘과 실이 없다. 아무 맛도 없는 무를 생으로 먹는다고 나를 이상한 눈으로 쳐다볼 것이다. 지금의 '인형뽑기게임'이 그 시절 무 낚시게임을 본떠 만든 게 아닐까?

친구들과 함께하면 서리도 놀이가 된다. 가을이면 푸릇푸릇 무밭에 가서 무서리를 했다. 학교 가는 길에 당강무라고 요즘 말하는 단무지용 기다란 무를 재배하는 밭이 있었다. 한 명은 망을 보고 한 명은 무밭에 들어가 뽑을 무를 고른다. 먼저 밭을 둘러본 후, 한 구멍에 두 개가 올라온 것 중 작은 걸 선택한다. 잎사귀만 잡고 큰 힘

안 들여도 쑥 뽑혀 나온다. 무를 뽑아 던지고 발로 흙을 밟아 흔적을 지운다. 다른 한 명은 잎을 떼어 쓱쓱 문질러 흙을 닦아낸다. 위쪽에 엄지손톱으로 상처를 낸 후 손톱을 밀면서 무를 돌려주면 껍질이 술술 끊이지 않고 벗겨졌다.

매끈하고 하얀 무가 단물을 흘리며 햇빛에 반짝인다. 돌아가면서 입을 크게 벌려 한입씩 베어 먹었다. 아삭하고 단맛이 입안으로 스며들었다. 후딱 먹어치우면 '꺼억' 하고 트림이 나오고 속이 시원했다. 한 개만 뽑아도 서너 명의 어린 배를 채우기에 충분했다. 지금도 끝이 푸르고 어린 무를 보면 바로 뽑아 생으로 먹고 싶다.

손이 필요한 이유

"이제 김장 준비해야죠. 아직 무 안 심으셨어요?"

"땅콩과 고구마가 있어 심을 곳이 없어요. 모종이 나오면 심죠."

"무는 모종이 없어요. 씨앗으로 심는데, 지금 뿌려도 늦네요."

"김장은 안 하니 그냥 작게 키워서 생으로 먹죠, 뭐."

서둘러 땅콩과 고구마를 거두고 무를 심기로 했다. 호미로 두둑을 만들고 무씨를 손가락 한 마디 간격으로 줄뿌림했다. 한 봉지에 100알 이상 들어 있어 한 고랑에 뿌리기엔 많았다. 무순나물을 좋아하는 남편을 위해 간격을 좁혀서 뿌리고 나중에 솎아 먹기로 했다.

김장 무로 사용하려면 늦어도 9월 초까지는 파종해야 한다. 땅콩을 뽑고 난 뒤에 무를 심다보니 한 달이 늦었다. 일주일이 지나자 떡잎이 나오고 그 사이로 본 잎이 자라는 게 보였다.

어느 날 흙이 움직이는 게 보였다. 두더지가 굴을 뚫는 것이다. 두더지가 지나간 자리의 무는 뿌리가 들떠 이내 말라죽고 만다. 발로 밟고 물을 주었지만, 상처받은 무는 쉽게 회복하지 못했다. 한 달이 지나니 솎아먹을 수 있을 만큼 컸다. 남들은 이미 주먹만 하게 자란 무를 뽑아 무생채를 해서 먹는다. 우리 무는 뿌리가 손가락처럼 아직 가늘었다.

무는 수확을 세 번 한다. 첫 번째는 어렸을 때 솎아먹기 위해 뽑는다. 두 번째는 뿌리가 자라도록 잎줄기를 따준다. 잎은 시래기로 만들어 먹을 수 있다. 마지막은 11월 말경 완전히 거두는 본 수확이다. 김치에 넣거나 저장하여 겨우내 먹을 수 있다.

어린 무를 솎을 때는 무가 완전히 컸을 때를 고려하여 손바닥 크기 간격으로 큰 건 남기고 작은 무를 뽑아낸다. 처음부터 간격을 넓히면 무가 외로워 잘 자라지 않는다. 적당한 간격을 두고 여러 번 나누어 솎아주어야 한다.

손은 호미와 더불어 텃밭 농사에서 가장 쉽게 길이를 재는 도구다. 손가락은 씨앗을 뿌리는 단위로 사용되고, 어린 무를 솎음하는 기준으로도 쓴다. 처음 씨를 뿌릴 때는 손가락 한 마디 간격으로 뿌린다. 두 번째 솎음할 때는 두 마디 정도, 세 번째는 세 마디, 차근차근 하다보면 나중에는 손바닥 간격으로 솎음하는 날이 온다.

솎음할 때 주의할 점이 있다. 무는 뿌리가 깊이 자라면서 뽑으면 주변의 흙덩이가 들고 일어난다. 인접한 다른 무의 뿌리가 다쳐 구부러지거나 갈라지는 기형적인 무가 되기 쉽다. 주변 땅을 손바닥으로 누르면서 뽑는 게 요령이다.

어린 무순은 고추장과 함께 쓱싹쓱싹 비벼 비빔밥으로 먹고, 끓는 물에 살짝 데쳐 나물로 먹고, 된장국에도 넣어 먹었다. 그러고도 많이 남아 시래기로 삶아 냉동고에 보관해 겨울 동안 먹기도 했다.

무가 어느 정도 자라며 잎이 무성해졌다. 위쪽 다섯 잎을 남기고 아랫잎은 따주어야 양분이 뿌리에 쌓인다. 우리 무는 너무 늦게 심어 제대로 크지 않았고, 미안한 마음에 제거하지 못하고 그대로 두었다. 잎은 무성한데 뽑아보니 주먹만 한 크기에 가느다란 뿌리만 길게 달고 있었다. 잎을 잘라 굴비 엮듯 엮어 그늘에 말렸다.

가을무는 인삼하고도 바꿔 먹지 않는 보약이다. 뿌리 부분에 소화효소인 디아스타제와 비타민C가 많아 생으로 먹는 게 좋다. 사람처럼 무도 행복하면 단맛이 많고, 스트레스를 받으면 매운맛이 증가한다. 큰오빠는 요즘 나온 무는 매워 옛날 맛을 느낄 수가 없다고 했다. 수확한 무 중 큰 건 큰오빠에게 보내고 나머지는 신문지로 한 개씩 싸서 보관했다.

큰오빠에게서 전화가 왔다. 조선시대 선비 이옥이 쓴 「백운필」에서 보았다며 제갈량이 무를 좋아해 '제갈'이란 성을 주었단다. 우리나라에서 제갈량이 즐겨먹는 채소라고 '무후채'에서 무가 되었다고 알려주었다.

"너는 무슨 일이든 열성적이고 바지런히 잘하는 내 동생이잖아.

작아도 네가 준 무가 제일 달고 맛있었다. 사랑을 듬뿍 받고 잘 컸네."

전화기를 타고 오는 큰오빠의 목소리가 나를 따뜻하게 했다.

대파와 쪽파, 지금은 전쟁 중

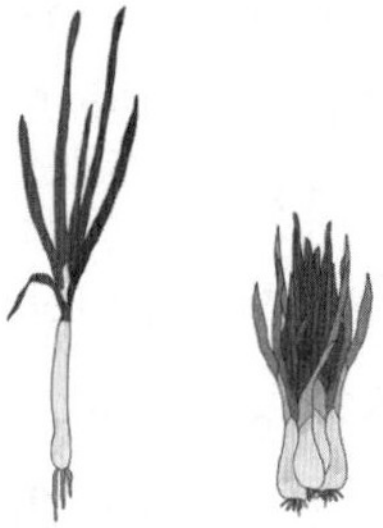

실행이냐 계획이냐

친정집에 갔다가 사진첩에서 어렸을 때 모습을 보았다. 중학교 2학년 추석날 아버지 산소 앞에서 5남매가 함께 찍은 사진이었다. 가운데에 나와 허리에 손을 얹은 작은오빠가 있고, 앞에는 남동생이 뒤로 큰오빠와 언니가 서 있다. 큰오빠는 내 어깨를 감쌌고 언니는 작은오빠를 감쌌다. 그 모습이 심장을 닮았다. 큰오빠와 언니의 정년 퇴직일에 '사랑합니다'라는 문구와 이 사진을 각인해 기념패를 만들어 선물했다. 나도 퇴직하면 기념패를 받겠지. 각자 다른 지역에서 살지만 우리 5남매는 이어져 있다.

어린 시절 작은오빠와 남동생은 무척 닮았다. 짧게 깎은 머리, 작은 키, 동글한 얼굴, 반짝이는 눈, 꽉 다문 입술까지 같다. 같은 공간에서 같은 걸 먹고 같은 옷을 물려 입기에 당연한 일일지도 모른다. 차이가 있다면 작은오빠는 항상 정면을 뚫어지게 바라보고, 남동생은 옆을 본다. 사주 관상을 보시던 선생님이 남동생에게 용기라는 이름을 지어주며 자주 불러주라고 했다.

남동생은 전기기능장이다. 모든 일을 계산하여 추진한다. 실패를 두려워해 이것저것 따지다보면 시작도 못하고 당연히 결과도 없다. 용기 있는 자는 계산하지 않고 단순하게 생각하고 행동한다. 이것이 열정이다. 작은오빠는 열정적인 사람이다.

작은오빠는 줄곧 일등만 했다. 나는 그나마 여자라서 벗어날 기회가 있었지만, 남동생은 행동반경이 같아 오빠의 영향 속에 있었다. 더욱이 고등학교도 같은 학교에 배정되어 그 그늘이 더욱 컸다.

실행만 앞세우는 작은오빠와 계획에 철저한 남동생은 서로가 필요한 사람이라 함께 행동할 때가 많다. 작은오빠는 일을 벌이고 혼자서는 처리하지 못한다. 둘은 자주 부딪힌다. 둘 다 파를 좋아하지만 다르다. 작은오빠는 생파를 된장에 찍어 먹을 정도로 향이 강한 대파를 좋아하지만 남동생은 라면에 향이 연한 쪽파를 넣어 먹는다.

벌레 먹은 열무를 뽑고 쪽파를 심기로 했다. 쪽파는 씨를 뿌리는 게 아니라 마늘처럼 생긴 종자를 심는다. 종묘상에서 파는 건 지역에 맞지 않을 수도 있다며 노박사 사모님이 봄에 거두어 말려둔 쪽파 씨앗을 주었다.

"비쩍 말라 싹도 뿌리도 없는데 이걸 심어요?"

"쪽파는 잠을 자면서 양분을 축적해요. 그래야 새로운 싹을 올릴 수 있거든요. 지금 온도가 30℃ 이상이 되니 20일 정도 지나면 잠에서 깨고 싹이 올라올 거예요."

"어, 이것은 밑이 울퉁불퉁한 게 뿌리가 나오려나 봐요?"

두둑을 만들고 쪽파 씨앗을 호미 간격으로 두 줄씩 심었다. 달포가 지나자 땅을 밀어올리고 쑥쑥 고개를 내민다. 손목이 하얗고 손가락이 긴 예쁜 여자가 땅을 뚫고 나오는 것만 같다. 점점 매끈한 손가락을 통통하게 키우며 자라다가 강한 냄새로 곤충을 부르는 신성한 꽃을 피운다.

파는 잎이 안쪽으로 말려 끝이 서로 이어졌다. 속이 빈 원통형이다. 파는 속을 비우고 모두 드러내어 햇빛을 모은다. 그 놀라운 생명력에 저절로 입이 벌어졌다. 어릴 적 면장님은 파잎에 반딧불을 붙잡아 넣고 놀았단다. 잎을 통해 보이는 초록색 빛은 환상의 세계로 데려다주었다.

"열무를 뽑고 쪽파를 심으셨네요?"

"우리 가족이 파김치를 좋아해서요."

"파가 몸에 좋죠. 뇌세포 발달과 식욕을 돋우고 염증을 가라앉히는 데 효과가 있어요."

"작은오빠가 파를 많이 먹어서 그렇게 머리가 좋은가!"

"파는 소화를 돕고 열을 내리게 하죠. 몸집은 작아도 보약 같은 존재랍니다."

"흙 속에 있던 벌레들이 보약을 먹고 더 많아지면 어떡해요?"

"걱정하지 마세요. 나쁜 미생물을 없애줄 거예요, 조상들은 구충제로 사용했거든요."

"진짜요! 매력이 파파파 넘치는 파네요."

파는 곰탕, 추어탕, 라면 등 국물 요리에 필수적으로 들어간다. 파에는 칼륨, 칼슘, 인이 들어 있어 생선과 육류의 비린내와 잡내를 잡아준다. 『동의보감』에서 '파 뿌리에 대추나 생강을 넣고 끓여 먹으면 감기 증세를 완화해주고 상처가 난 곳에 파 속껍질을 붙이면 피를 멎게 하는 효과가 있다. 마음이 진정되지 않고 심장이 두근거리면 생파를 된장에 찍어 먹으면 효과가 좋다.'고 했다.

파는 음식의 맛과 향, 색은 물론 영양 균형까지 잡아주는 식탁 위의 감초다. 모든 국물에 양념으로 파를 넣으면 맛있겠지 생각하고 생일날 미역국에 파를 넣었다. 미역의 미끈거린 성분과 파의 끈적이는 성분이 전혀 어울리지 않아서 낭패를 보았다.

전쟁이 끝날 때까지

식탁 위에서 대파와 쪽파가 다툼하고 있다. 대파가 허리에 손을 얹고 꽃봉오리를 펼치며 당당하게 말한다. 쪽파는 고개를 꼿꼿이 세우며 대꾸한다.

"내 향을 따라올 수 없어. 진간장에 다랑어포가 들어간 진한 국물에는 내가 필수야"

"아니야. 다시마로 우려 바닥이 보이는 슴슴한 국물에는 나를 좋아해."

"나는 파전이나 파김치로 주인공인데, 넌 송송 썰어져 양념으로만 들어가지?"

"아니야. 넌 시장에서 놀지만, 난 고기와 함께 구워져 레스토랑이

나 캠핑장에서 놀아.”

“나는 스스로 모두 꽃을 피워 곤충을 부르지. 너는 꽃이 피기는 하니?”

“너는 혼자 커서 사랑을 독차지하지만, 나는 다섯 또는 여섯이 함께 자라 외롭지 않아.”

틀린 말은 아니지만, 한 치의 양보도 없이 각자 주장만을 한다. 지금도 진행 중이다. 서로를 인정하고 자기 앞의 일에 충실한 게 상대를 도와주는 거다.

감정평가사인 오빠도 물건만 감정할 게 아니라, 본인 마음도 살펴볼 필요가 있다. 충격을 받아야 빛을 내는 전기처럼 전기기능장인 동생도 일정한 관심과 자극이 필요하다.

비슷한 듯 보이지만 각자 다른 인생 대본을 가지고 있다. 우주에 하나뿐인 나의 인생 대본을 착실히 완성해가기 위해 방어와 공격적인 삶을 떠나 내 존재를 있는 그대로 보고 싶다. 존재하는 것이 힘이 되는 관계를 이루기는 참 힘들다.

땅콩, 너를 사랑해

너에게 편지를 쓰려고 처음 만난 날을 떠올려 봤어. 목사동에서 텃밭을 일구기 시작할 때니 벌써 3년 전 일이네. 나는 땅콩을 좋아하는 남의 편을 위해 텃밭에 너를 심었지. 자세히 보지 않아서인지 잘 생각이 나지 않았어. 30평정도 되는 텃밭에 20종류가 넘는 작물을 키울 때라 너에게만 정신을 쏟을 수 없는 형편이었거든.

지금은 11월 말, 네 모습을 그려본다. 땅속에 있을 때, 잎이 나고 꽃을 매달았을 때, 꼬투리 속에 들어 있을 때, 빨간 옷을 입고 있을 때, 껍질을 벗고 뽀얀 살을 보였을 때, 반으로 쪼개져 자식을 품고 있는 모습까지 그렸어. 가장 가까운 책상 위에 두고 수시로 너를 보며 그때를 되돌아보았지.

처음 텃밭을 일구면서 지인에게 부탁해 특별한 너를 만났지. 지인은 검정봉투에 가득 담긴 너를 주면서 심고 남으면 볶아 먹으래. 이해할 수가 없었어. 어떻게 아기를 품고 있는 엄마를 먹을 수 있을까? 자세히 보니 한쪽 끝이 조금 뾰족하면서 하얀 줄, 씨눈이 보였어. 나는 싹이 빨리 나오라고 토란과 감자처럼 씨눈을 위로 향하게 해서 너를 심었지. 참새가 먹는 걸 막고 햇볕이 잘 들게 하려고 구멍을 뚫은 투명 플라스틱컵을 씌워주었어.

다른 밭에는 잎이 나왔는데, 내 밭은 며칠이 지나도 싹이 나오지 않는 거야. 땅을 파보니 뿌리와 싹이 뒤바뀌어 너는 온몸을 구부린 채 고통 받고 있었어. 씨눈에서 뿌리를 내리고 위쪽으로 싹이 나오게 해야 하는데. 마음만 바쁜 초보 주인을 만나 네가 얼마나 아팠을까? 너무 미안해.

그 후로 너를 심을 때는 그냥 가운데로 심어. 알아서 싹은 위로 나오고 뿌리는 밑으로 내려가겠지. 농사는 머리로 짓는 게 아니라 자연의 법칙을 따라야 한다는 걸 배우게 되었단다.

잡초가 많으면 텃밭 농사가 힘들다고 해서 주변에 생명력이 강한 결명자를 뿌렸어. 바람이 결명자를 너의 집으로 옮겨 놓은 거야. 그것도 모르고 나는 먼저 싹이 나온 결명자를 너로 착각하고 정성을 쏟았지. 나중에 열매를 맺는 걸 보고 알게 되었지만, 수확할 욕심에 뽑지 않고 그대로 두었어.

쑥쑥 자라는 결명자에 비해 너는 밑으로 자라다보니 햇볕을 못 받아 양분이 부족했어. 자식들을 키우기 위해 온 힘을 다해 머리를 세우고 결명자와 싸워야 했지. 가냘프게 키만 껑충하고 뿌리가 다 드러난 녹색 외계인이 되면서까지 말이야. 무식한 나를 많이 원망했을 거야. 미안해. 앞으로 욕심 부리지 않기로 약속해.

너는 땅속에서 크는 작물이라 두둑이 높아야 했지. 건축물폐기물이 묻힌 땅이라 돌이 많고 흙이 부족했어. 나는 물 빠짐이 좋은 모래흙을 가져다 두둑을 높게 만들고, 불가사리와 지충을 섞어 만든 자연발효액으로 영양분을 보충해주었지.

너는 꽃이 떨어지면서 씨방의 밑부분이 길게 자라 땅속으로 파고 들어갔어. 호리병 모양의 꼬투리를 만든 다음, 그 안에서 자식을 키우고 있었지. 그 과정이 마치 자궁에서 태어나는 태아처럼 위대해보였어. 그래서 너를 낙화생(落花生, 꽃이 떨어지고 나서야 비로소 생명체가 생김)이라 불렀나 봐.

하루는 네가 시들시들하면서 누렇게 변하는 거야. 자세히 보니 땅속에 있어야 할 네 분신이 구멍이 뚫린 채 밖으로 나와 있었어. 고소한 향에 땅속 동물들이 왕성한 식욕을 과시하며 마구 몰려들었어. 하마터면 모두 굼벵이밥이 되었을 너를 구출한 거야. 다행스럽게 너의 분신 50알을 지킬 수 있었단다.

너는 습기를 싫어해서 잘 말리지 않으면 곰팡이가 생겨 죽지. 말리기 위해 마당 앞에 널었는데, 갑자기 새소리가 엄청 많이 나는 거야. 전깃줄 위에 참새가 줄지어 앉아 너를 보고 있었지. 까치 한 마리가 크게 한 바퀴를 돌더니 산 쪽을 보며 울어댔어. 잠시 후 더 큰 까치가 날아오고 참새는 모두 달아났어.

까치가 너를 지키기 위해 왔나보다 생각했지. 까치는 원래 반가운 소식을 전해 주는 길조잖아. 안심하며 문을 닫고 안으로 들어간 후 한참이 지났어. 문밖이 날갯짓 소리로 요란했어. 까치가 떼로 몰려와 마당에 널려 있는 너를 마구 물고 가고 있었어. 믿을 게 따로 있지. 나는 작대기를 휘두르며 까치를 쫓았지.

까치 한 마리는 도망가지 않고 무대 위에서 자기 몸매를 뽐내듯 걸어가는 거야. 얼마나 여우짓을 하는지 배우가 따로 없었어. 너를 훔쳐가려고 왔으면서도 아닌 척 반대쪽으로 고개를 돌리며 유유히 걷더라. 뒤로 힐끔힐끔 내가 들어가나 안 들어가나 쳐다보고 있었던 거야. 너무 웃겼어. 너를 지킬 수 있어서 다행이지만, 웃음값으로 해질녘에 땅콩 두 알을 남겨두었지.

고기와 술을 좋아하는 남의 편은 텃밭을 시작하는 나를 보면서 자기는 안 먹는다고 농사일에 전혀 손을 대지 않아. 그런데 너에게는 달랐어. 직접 심으라고 두둑도 만들어주고, 추석 연휴를 목사동에서 보내며 같이 수확한 거 있지. 너의 어떤 매력이 남의 편을 내 편으로 만들었니?

남의 편은 심심풀이 땅콩은 잘못된 말이래. 네가 간 기능 회복을 돕고 숙취 해소에 도움을 줘 술안주로는 최고라는 거야. 변비를 예방하고 피로 해소에도 좋으며, 조금만 먹어도 포만감이 있어 다이어트에 도움이 된다고 자랑하는 거야. 너에 대한 남의 편의 자랑은 끝이 없었어. 정말 너를 향한 남의 편의 사랑은 진심인 것 같다. 부럽다.

남의 편은 먹지 못하는 푸성귀를 가져와 쓰레기만 많아진다며 내가 좋아하는 채소를 집으로 들이질 않아. 그런데 너는 흙이 묻은 채로 가져와도 싱글벙글 좋아하더라. 참 어이가 없어서.

내가 집에 오면 어지럽힌다며 올라오지 말라고 나를 구박하면서,

너는 껍질이 가벼워서 이리저리 다 날아다녀도 아무 말도 안 해. 아무리 청소 담당이라 칼자루를 쥐고 있다고 하지만 너무 불공평한 것 아니니?

쪽파를 다듬을 때도 마늘을 깔 때도 곶감을 깎을 때도 거들떠보지 않고 소파에 앉아 TV만 보던 남의 편이었어. 너를 보더니 미소를 띠면서 바닥에 궁둥이를 붙이고 내 옆에 앉는 거야.

도구를 사용하면 땅콩이 부서져서 못 먹는다며, 버선코같이 생긴 꼬투리를 손가락으로 눌러 몇 시간에 걸쳐 벗겨내는 거야. 참 튼실하게 잘 키웠다며 칭찬까지 하면서 말이야. 달리 보이더라.

너의 고소함을 보여주겠다며 프라이팬에 얇게 펼쳐놓고 오랜 시간을 서서 약한 불로 타지 않게 돌려가면서 볶고 있는 거야. 콧노래까지 흥얼거리면서. 어처구니가 없더라. 저번에 내가 시래기를 삶을 때는 '주말인데, 환풍기 소리 시끄럽다고 시골 내려가서 해'라며 소리쳤던 게 떠올라 허탈했어.

프라이팬을 씻다가 손이 미끄러져 내 발등에 떨어진 사건이 있었어. 남의 편이 프라이팬을 들어 이리저리 살펴보더니 마구 화를 냈어.

"또 사고 쳤구먼. 내 그럴 줄 알았다. 조심해야지. 찌그러지면 굴곡이 생겨 땅콩이 제대로 안 볶아진다."

할 말이 없더라. 내 다리가 괜찮은지 확인하는 게 우선이어야 하는 거잖아. 정말 서러웠어. 한편으로는 남의 편의 사랑을 받는 네가 살짝 밉기도 했지.

하루는 저녁에 숙제하는데 잘 안 풀리는 거야. 책상 위에 볶아놓은 네가 보였지. 두뇌 회전을 위한 에너지가 필요해서 너를 한 알 먹었어. 너는 너무 고소해서 한 번 손을 대면 계속 먹을 수밖에 없잖아. 먹고 또 먹었지. 지방이 많은 너는 금방 배를 부르게 했고, 배가 빵빵해진 나는 어쩔 수 없이 그냥 누웠는데, 소파에서 잠이 들었나 봐. 새벽에 난리가 났어.

"누가 땅콩을 먹고 뚜껑을 안 덮어놨냐? 습기가 차면 눅눅해져서 맛이 없는데 누구냐?"

남의 편이 이방 저방에 대고 버럭버럭 소리를 지르는 거야. 시계를 보니 새벽 6시였어. 4시에 자서 눈도 뜨기 힘들고, 출근 준비로 한 시간 후면 일어날 건데 꼭 이래야만 했을까? 나보다는 꼭 너를 걱정하는 남의 편에게 대신 말해줄래?

한 꼬투리 속에 땅콩이 두 알인 이유를 아느냐고? 한 알은 자기가 먹고 나머지 한 알은 옆에 있는 사람에게 주라는 거지. 이심전심(異心傳心, 서로 다른 마음이 이어져 하나가 된다), 항상 옆에 있는 사람을 생각하라는 땅콩의 사랑법을 알려주면 좋겠어.

각자의 공간에 있던 남의 편이 한쪽으로 포개져 하나가 되어 꼬투리를 터뜨렸어. 남의 편인데 너로 인해 남편이 되어 내 편이 되었지. 과(過)는 미(微)보다 못하듯 땅콩을 너무 많이 먹으면 비 오듯 설사를 주룩주룩할 거라고 남편에게 살짝 귀띔해 줘야겠다.

감자, 복덩이

미국의 역사를 만들다

'감자에 싹이 나서 잎이 나서 싹싹싹 싹싹싹.'

순서를 정할 때 가위바위보를 하기 위해 필수적으로 하는 손놀이다. 아이들은 이런 노래를 왜 불렀을까? '콜럼버스 신대륙 발견 500주년 기념관' 고문이던 헨리 홉하우스는 '역사를 바꾼 5가지 씨앗'으로 감자를 포함했다. 식품영양학자 문갑순 교수가 쓴 『사피엔스의 식탁 : 인류가 선택한 9가지 식품』에도 감자가 들어 있다. 어떤 요리에도 잘 어울리는 감자가 궁금해졌다.

감자는 기원전 400년경 페루와 볼리비아 사이 티티카카호수 주변에서 처음으로 재배했다. 16세기 초 콜럼버스가 유럽에 감자를 전파할 때는 먹는 방법을 몰랐다. 땅 위로 올라온 싹과 초록색 열매를 먹고 독성에 중독되는 사람이 많아 죽음의 식물로 여겼다. 사람들은 겉으로 드러나는 것만 믿는다. 안에 숨은 진가를 헤아리지 못하는 것이다.

18세기부터 굶주림에 시달리던 아일랜드 사람들이 땅속에 있던 감자를 먹기 시작했다. 19세기 중반, 감자가 주식인 아일랜드에 마름병으로 인해 심각한 대기근이 번졌다. 아일랜드 사람들은 미국으로 이주했고 감자칩으로 세계를 제패했다. 감자는 현대사에 많은 영향을 끼쳤다. 안정적인 식량 공급원으로 인구가 증가했다. 노동력이 향상되면서 산업혁명과 공업화까지 가져온 것이다.

우리나라에 19세기 무렵 들어온 감자는 함경도 지역에서 화전민들이 배고픔을 달래기 위해 키워 먹었다. 지금은 강원도, 제주도, 전라도 등 전국적으로 재배되고 있다.

2008년 9월부터 2010년 3월까지 보성우체국 마케팅팀장으로 근무한 적이 있다. 보성군 회천면은 바다와 접해 있고, 눈이 오지 않을 정도로 날씨가 따뜻하다. 해풍을 맞고 자란 감자는 맛이 좋고 다른 지역보다 빠른 5월 초에 감자를 수확할 수 있다.

우체국은 전국 방방곡곡에 있다. 5월 한 달 동안 내부 직원망과 '우체국 장터'를 통한 인터넷망을 통해 하루에 1,000박스 이상 감자를 판매했다. 우체국은 홍보와 유통을 책임지고 농협은 안정적인 공급을 담당했다. 농협과 우체국이 합심하여 농가의 판촉을 도왔다.

우리의 작은 노력이 농가소득에 이바지했다는 생각에 참 뿌듯하고 보람찼다. 이것이 계기가 되어 광주·전남우체국을 관할하는 우정청에 나를 알릴 수 있었고, 우정청에 근무하며 승진도 했다.

감자꽃

감자는 서늘한 날씨를 좋아한다. 땅이 풀리면 바로 심을 수 있고

3개월이면 수확이 가능하다. 그곳에 들깨나 양배추 모종을 바로 심을 수 있어 텃밭 농사에 제격이다.

오일장에서 10kg 한 상자에 3만 원을 주고 씨감자를 샀다. 우체국 텃밭에는 10개만 있어도 충분했기에 면장님과 박사님께 나누어 드렸다. 씨감자는 4개~6개의 씨눈을 가지고 있어 쪼개 심으면 된다.

감자는 바이러스에 약해 심기 전 소독이 필수다. 예전에는 잘린 면에 재를 묻혀 소독했다. 나는 재를 구하기도 힘들고, 많은 양의 수확을 기대하지 않아서 칼만 소독한 후 잘라 바로 심었다. 씨눈이 아래로 가도록 심어야 감자알이 많이 달린다.

한 달이 지나자 싹이 나왔고, 2주 후에 줄기가 나오기 시작했다. 줄기가 나오면 땅속에서는 감자알이 달리기 시작한다. 이때 김을 매면서 북돋움을 해주어야 한다. 심은 지 두 달이 지나자 하얀색 감자꽃이 피었다. 수미감자를 심었으니 하얀색 꽃이 나온 것은 당연하겠지.

자주 꽃 핀 건 자주감자
파 보나 마나 자주감자
하얀 꽃 핀 건 하얀감자
파 보나 마나 하얀감자

일제 강점기 때 썼다는 권태응 시인의 「감자꽃」이 떠올랐다. 36자의 짧은 시지만 울림은 매우 컸다. 감자의 눈을 심으면 싹이 나오고 꽃이 핀다. 싹에서 자란 줄기를 따라가면 감자가 나온다. 꽃과 감자는 줄기로 연결된 하나이다. 감자는 깊이 들어가지도 못하고 줄기만 당겨도 따라 올라온다. 식민지시대 우리의 사고를 바꾸려는 일제에게 힘없는 감자도 '하얀 감자는 하얀 꽃을 피우는 것'이 자연스러운 이치임을 일깨워주는 저항적 외침이다.

감자꽃은 꽃대에 세 개의 꽃이 한 송이로 묶여 있다. 각을 이룬 하얀 꽃잎을 열고 노란 수술을 꼿꼿하게 세운 모양이 별에 핀 보석 같다. 마리 앙투아네트가 감자꽃으로 머리 장식을 즐겼다는데 나도 모자에 꽂고 앤이 된 상상을 한다.

꽃이 떨어진 자리에 초록색 방울토마토가 열렸다. 예전에 씨감자로 이용해서인지 감자의 조상이 토마토라는 말이 있다. 감자의 초록색은 솔라닌이라는 독성물질이 떠올라 버렸다. 감자꽃은 따주어야 영양이 감자에 집중되어 알이 굵어진다.

감자를 캐보니 주먹 크기는 네 개뿐이고 대부분 탁구공처럼 작았다. 구슬만 한 것들은 셀 수가 없을 정도다. 내가 심은 감자는 씨알도 적고 굼벵이가 파먹은 게 많아 조림용밖에 되지 못했다. 한 박스 심어 다섯 박스 나왔으면 보통 수준은 되지 않을까?

도와주세요!

우리가 먹는 감자는 땅속줄기에 생긴 비대해진 덩이다. 감자는 일 년에 네 번 수확할 수 있어서, 단위 면적당 수확량이 밀이나 보리에 비해 세 배 정도 높다.

한여름을 나고 가을에 캐는 감자는 병충해에 취약하다. 무당벌레가 잎을 갉아 먹는다. 진딧물은 줄기를 빨아먹고 굼벵이는 파먹는다. 감자는 바이러스에도 취약하다. 잎에 잎말이병이 생기고, 줄기나 뿌리에도 역병이 생긴다. 감자연구소가 있다. 토양이나 기후 등 환경에 잘 적응하여 생산량이 좋은 품종을 개발하는 육종연구소이다. 새로운 품종을 개발하면 수미, 남작, 홍영, 방울 등 예쁜 이름을 붙여준다.

금요일 오후 5시, 이모가 전화했다. 한주가 아프니 일찍 들어오란다. 큰아들 한주는 며칠 전부터 소화가 안 된다며 배를 쓸어내리고 콜라를 자주 찾았다. 아침에는 밥맛이 없고 속이 메스껍다며 토하기까지 했다. 몸을 숙여 배를 접으면 안 아프다가도 다시 허리를 펴면 아프다고 하루 종일 아랫배를 잡고 구부리고 다녔단다. 도착해서 보니 한주는 손발이 차갑고 입을 딱딱 딱 부딪히며 벌벌 떨고 있었다. 잘못 먹고 체했을까? 추워서 떨고 있나? 매실을 먹이고 이불을 덮어줘도 나아지지 않았다. 이빨이 상할까 염려되어 수건을 입에 물려주고 다리를 주물러줘도 그때뿐 온기는 돌아오지 않았다.

다음날 서둘러 동네 어린이전문병원에 갔다. 대기 환자가 너무 많았다. 기다릴 수 없어 가까운 준종합병원 응급실로 갔다. 의사는 증상을 보고 CT 촬영을 해야 하는데, 오후에 학회가 있어 할 수 없다고 했다. 소견서를 받아 대학병원 응급실로 갔다. 대기하는 동안 여러 가지 생각이 들었다. 교통사고로 머리를 다쳐 피를 흘리는 사람, 불에 데어서 온 사람, 모두 긴급 상황이었다. 긴 시간이 지나고 저녁 7시가 넘어서 CT 촬영을 했다. 맹장이 터져 복막염으로 악화되었다며 염증이 심해 당장 수술을 하자고 했다.

차가운 수술실에 아이를 두고 보호자대기실 의자에 앉아 있는 시간은 길기만 했다. 먹어야 한다며 남편이 건네준 컵라면에 눈물이 떨어졌다. 그날은 내 생일이었다. 간절히 빌었다. 오늘 나와 한주를 바꿔도 좋다. 내 인생을 한주에게 다주어도 좋다. 이 말만 계속 반복해서 말했다.

맹장은 소장과 대장이 만나는 지점에 붙어 있는 작은 기관이다. 입구가 좁아 작은 이물질에도 쉽게 막히고 염증이 생기기 쉬운 곳이다. 복막염은 굳은 똥덩어리가 맹장 입구를 막아 압력이 올라가 터지면서 복부에 세균이 번식하여 염증이 발생했다.

큰아들은 평소에 채소는 거들떠보지도 않고 고기가 없으면 밥을 먹지 않았다. 중학교에 가면 게임할 시간이 없다며 아침부터 늦게까지 컴퓨터 앞에만 있었다. 간단한 냉동볶음밥에 물 대신 콜라로 세 끼를 해결하고, 감자칩은 손만 뻗으면 닿을 수 있는 곳에 쌓아두었다. 최대한 시간을 아껴가며 컴퓨터방에서 움직이지 않고 모든 걸 해결했다.

단순한 장염이라 생각하고 시간을 지체해서 급성 복막염으로 번져 10일 이상 입원했다. 퇴원하는 날, 광양 매실농원에서 가족사진을 찍었다. 한주의 얼굴이 활짝 피었다. 동생 범주를 안고 환하게 웃는 한주가 벚꽃보다 더 빛났다.

한주는 나를 닮아 열정이 넘치고 끊임없이 도전했다. 그 후로도 팔이 부러지고, 발가락이 골절되고, 운동장에서 날아온 축구공에 맞아 눈 위가 찢어지는 등 자주 병원 신세를 졌다.

복덩이

서두르며 정신없이 살았다. 쫓기듯 세상에 떠밀렸다. 아픔이 기회가 되었다. 큰아들 한주는 특성화고등학교에 입학했다. 방과 후 남은 시간은 학원에 다녔다. 나는 영광우체국으로 출퇴근하면서 아이와 함께했다. 그때가 가장 많은 대화를 나눈 시간이었다.

아침에 학교 앞에 내려주며 서로 힘을 나누고, 저녁에 퇴근하여 기다렸다가 함께 집에 왔다. 학원 근처 공원에서 운동하며 한주를 기다리는 시간은 감사와 휴식의 시간이었다. 편안하게 숨을 쉬고 세상이 멈춘 듯 천천히 감자를 먹으니 포근포근한 전분이 내 몸에 스며들었다. 나뭇가지를 흔들고 새가 날갯짓하며 날아갔다. 그 밑에 노란 애기똥풀꽃이 피어났다.

한주는 부족했던 시간을 공부가 아닌 경쟁력을 확보하는 걸로 채웠다. 정보처리기사 자격증을 따고, 3D프린터, 영상편집 등 컴퓨터를 이용한 작업에 관심이 많았다. 학교 내 상위 1%에 들어가 원하는 학교에 갈 수 있었다. 부모의 정보와 조부의 경제력이 뒷받침되어야 한다는데, 아들 혼자 다 해결했다. 부모를 위해 집에서 가장 가까운 국립대학교를 선택하고 천문, 사진, 창업동아리에 적극적으로 활동하면서 부족한 대인관계를 넓혀 갔다. 지금은 대학교를 졸업하고 전공을 살려 제약회사에 취직했다.

우리나라는 감자를 말할 때 못생겨도 맛은 좋다고 한다. 감자는 씨눈이 여러 개라서 곰보가 많다. 원숭이 얼굴, 곰 얼굴, 생각하는 사람 얼굴 등 다양한 감자를 보게 된다. 유성펜을 들고 주름살, 안경, 수염 등을 꾸며 장식도 한다. 보는 사람에게 기쁨을 준다. 서양에서 말하는 악마의 씨앗이니, 죽음의 식물이니, 그런 독한 말보다 얼마나 친근하고 이쁜가.

큰아들 한주는 오늘도 배달 음식을 주문한다. 매일 늦은 엄마 아빠를 대신해서 열한 살 차이 나는 동생의 저녁을 챙기는 것이다. 오늘 저녁은 피자에 감자스틱도 두 개 추가한다. 우리 가족을 이어준 복덩이 감자다.

방울토마토, 너무 예뻐서

매미가 우는 까닭은

"할머니, 창문에서 무슨 소리가 나요?"

"범주 님, 매미 소리네요."

"매미는 맴, 맴, 매에앰…… 하고 우는데, 얘는 찌찌찌찌 찌르…… 너무 시끄러워요."

"참매미는 노래를 부르듯 울지만, 이 아이는 말매미네요."

"말매미? 그런 것도 있어요?"

"그럼요. 참매미, 풀매미, 말매미, 애매미 등 15종이나 돼요. 도시에서 살려고 몸짓도 키우고 소리도 키운 말매미가 많이 모인 거죠."

"그런데, 매미는 왜 울어요?"

"짝짓기를 위해 암컷을 부르는 소리죠. 소리가 크면 힘 있다고 암컷이 좋아해요."

"왜 시끄럽게 베란다에서 짝짓기 하는 거야. 완전 소음이네."

"나는 소음으로 안 들리는데요. 곧 있으면 범주 생일이라고 알려주러 온 것 같은데요."

둘째 아들 범주의 생일이 다가올 무렵이면 17층 아파트 우리 집 베란다에 매미 두 마리가 이사를 온다.

매미는 알람시계다. 국립생태원 자료에서 봤는데, 매미 소리는 낮에는 77.8데시벨 밤에는 72.7데시벨로 자동차 주행 소음 평균치인 67.9데시벨보다 높다. 매미는 땅속에서 7년 정도 굼벵이로 나무뿌리의 수액을 먹고 지내다 땅 위로 올라와 등껍질을 벗겨내고 성충이 된다. 애벌레에서 탈피하여 성충이 되는 과정을 우화라 한다. 천적을 피해 주로 늦은 밤부터 새벽 사이에 하며 세 시간 이상 걸린다. 수컷 매미는 일주일 동안 짝짓기를 위해 울음소리를 내어 암컷을 부르고, 짝짓기가 끝나면 죽는다.

암컷 매미는 배 끝에 송곳처럼 생긴 산란관을 나무줄기 틈에 꽂고 하얗고 길쭉한 알을 낳는다. 한 나무당 다섯 개에서 열 개의 알을 여러 나무에 옮겨 다니면서 낳는다. 알을 다 낳은 암컷 매미는 땅에 떨어져 죽는다.

진나라 시인 육운은 「한선부」란 시에서 "매미에게 군자가 지녀야 할 오덕이 있다."고 칭송했다. 머리에 홈처럼 파인 줄이 갓끈과 비슷하다고 해서 지혜를 뜻하는 문(文), 나무의 수액만 먹고 자라 깨끗하다고 청(淸), 곡식을 탐내지 않고 염치가 있다고 염(廉), 집을 따로 짓지 않고 검소하여 검(儉), 때에 맞춰 오니 신(信)이다. 조선시대 임금이 쓰는 익선관이 매미 날개를 본떠 만든 것이다.

자존심

둘째 아들 범주는 사춘기다. 어린이에서 성인이 되어가는 과정이다. 신체가 성숙해지니 마음도 성숙해진다. 중2인 범주는 형을 포함한 가족 모두가 어른이라 말을 최대한 줄이고 스스로 자기 역할을 찾아가는 중이다.

'까톡'. 금요일 저녁 7시 40분, 문우들과 새로 쓴 글을 합평하던 중에 문자가 왔다. 범주가 학원을 마쳤다. 나는 범주에게 하루에 핸드폰을 1시간 30분만 사용하도록 허락했다.

"회의 중인데 왜?"

"저녁밥은 어떻게 해요?"

"김밥집에서 돌솥비빔밥을 먹어."

"그런데 줄이 너무 길어요."

"그럼 빨리 되는 거 먹으면 되잖아"

"그것도 오래 기다려야 한대요."

"그럼 다른 식당으로 가서 먹어."

"다리가 아파서 움직일 수가 없어요."

"그럼 기다렸다 먹으면 되겠네."

"기다리면서 뭐해요?"

"다른 사람들은 뭐 하는데?"

"핸드폰 보면서 기다리는데요."

"15분이면 되겠지."

"난, 밥 먹으면서 뭐해요."

"밥 먹고 학원에 가야지"
"다른 사람들은 핸드폰 보면서 밥 먹고 있는데요."
"알았어. 30분 더 줄게."
"준비하는 시간 빼면 다음 학원까지는 45분이 남았는데요."
"그럼, 총 해서 45분 주면 되겠지. 엄마 바쁘니깐 끊자."
"네."

저녁수업이 없어 평소보다 빠른 오후 8시에 집에 들어갔다. 혼자 있는 범주를 찾아 공부방을 열었다. 선풍기 아래 겉옷은 다 벗고 팬티만 입은 채 앉아 있던 아들이 컴퓨터를 끄며 일어섰다.

"뭐 하고 있니?"
"목욕하려고 준비하고 있지요."
"컴퓨터를 왜 끄니?"
"엄마는 왜 꺼요?"
"할 일 다 했으니깐."
"저도 다 했어요."
"무얼 했는데?"
"엄마는 뭐 하는데요?"
"이것저것. 숙제도 하고 검색도 하고."
"저도요."

말문이 막혔다. 학교에 갔다 와서 숙제를 검색했다는데 더는 할 말이 없었다. 아들은 콧노래까지 흥얼거리며 최대한 시간을 늦추며 씻었다. 그만 나와서 밥 먹으라고 하면 핸드폰으로 먹방을 보며 밥을 먹었다. 핸드폰을 그만 보고 한 가지에 집중하라고 말하자 머리를 말려야겠다며 방으로 들어갔다. 뜨거운 열풍은 머릿결이 상한다며 침대 끝에 머리를 두고 누워 선풍기 바람으로 머리카락을 말렸다. 둥근 배 위에선 유튜브 방송이 한창이다. 두 눈은 이미 그 속으로 빨려 들어갔다.

모범생

어느덧 10시가 넘었다. 나는 잠을 자기 전에 범주 방에 들어가 감기 걸린다고 이제 그만하고 자라며 소리쳤다. 범주는 숙제해야 한다며 책을 펼쳤다. 내일을 위해 11시 안에는 꼭 잠을 자라고 말하고 방문을 닫고 나왔다.

새벽 3시쯤 잠이 깨어 일어나 범주 방 문틈으로 불빛이 새어나오는 걸 봤다. 문을 열어보니, 펼쳐진 책은 내가 자기 전과 똑같은 페이지에 머물러 있고, 핸드폰은 책 밑에서 뜨거운 열기를 내뿜었다.

모범생으로 학원에서 내준 숙제는 해야겠는데, 하고 싶은 핸드폰은 포기하지 못하고 결국 잠을 줄이는 방법을 선택했다.

낮에는 고 카페인음료를 먹고 귀 옆의 구레나룻을 뽑으면 잠을 쫓을 수 있다고 말하는 범주를 보고 더는 안 되겠다 싶어 학원을 모두 끊었다. 이 시기에 가장 중요한 건 성장이라는 판단이었다.

예민한 아들을 위해 성장에 좋은 고기와 달걀로 밥을 준비했다. 일주일에 한 번 이상은 가족 모두 한자리에서 밥을 먹었고, 메뉴 선택은 아들이 원하는 것으로 했다. 머리카락을 자르지 않아 눈과 귀를 덮었고, 몸무게도 가족 중에 가장 많이 나가는 삽살개가 되었다.

3개월이 지나자 흐리멍덩하던 얼굴에 차츰 생기가 돌기 시작했다. 요즘은 거실에 나와 TV를 같이 보며 이야기하는 사이가 되었다. 11시 이전에는 꼭 잠을 자도록 하지만 아직도 잘 지켜지지 않는다. 숙제에 대한 부담이 없어 좋다며 아들이 웃는다.

아침에 출근할 때면 꼭 아들과 포옹한다. 엄마가 힘이 없으니, 너의 기운을 좀 받아야 한다며 요청한다. 착한 아들은 손을 뻗어 토닥토닥 어깨를 두드리며 안아준다. 비록 엉덩이를 빼고 가슴만 내민 가벼운 포옹이지만 서로 체온을 나누며 하루를 시작한다.

학교 가는 길에 영어 숙제를 한다
핸드폰으로 영화를 보면서 간다
쉬는 시간에 눈을 감고 책을 읽는다
친구들의 장난치는 소리는 들리지 않는다

학교가 끝나면 곧장 학원에 간다
백 점 맞는 친구가 다니는 수학학원
내가 좋아하는 짝꿍이 가는 영어학원
키 큰 친구가 가는 태권도학원
나에게 모두 필요한 학원이다
모르는 것이 있어도 그냥 넘어간다
시간을 맞추기 위해 어쩔 수 없다

7시가 넘어 혼자 저녁밥을 먹는다
핸드폰으로 먹방을 보며 햄버거를 먹는다
집에 가면 바로 공부방에 들어간다
숙제는 2쪽, 컴퓨터 사용시간은 5시간이다

쉬는 날에도 피시방에 가지 않는다
눈을 뜨자마자 공부방에 들어간다
5G 빵빵한 와이파이와 48인치 모니터
책상 위에 콜라, 과자봉지
한쪽 귀퉁이에 수학책과 필통
손만 뻗으면 원하는 것을 바로 잡을 수 있다

매일 12시가 넘어서 잠을 자러 간다
엄마가 공부 그만하고 자라고 해도
불안해서 잠을 못 잔다
꿈속에서도 숙제한다

권미양, 「모범생」

사춘기 아들은 내 글의 좋은 주인공이 되어 나를 아동문학작가로 성장시켜주었다. 항상 부족하다고 생각하는 내게 온, 과분한 아들이다.

범주가 좋아하는 방울토마토를 심었다. 오이와 가지 옆에 토마토 집을 지었다. 토마토는 줄기를 계속 뻗어나가며 크는 작물이다. 옆으로 키우면 넓은 잎으로 그늘을 만들어 다른 작물을 키울 수 없다. 위로 키우면 하늘 높이 올라가 수확하기 힘들다. 담을 벽면 삼아 ㄇ자 형태로 집을 지었다.

씨를 뿌려 모종으로 키워 심는 사람도 있지만, 나는 세 그루만 심을 예정이라 모종을 샀다. 줄기가 많이 자라므로 간격은 50cm 이상을 띄웠다. 한 달쯤 지나자 노란 꽃이 피면서 원줄기 사이에 곁가지가 나왔다. 곁가지는 제거해야 한다. 그렇지 않으면 줄기가 무성하게 자라 열매도 부실하고 바람이 통하기 어려워 병에 걸리기 쉽다.

줄기가 훌쩍 자라 구부러지고 비틀려 있다. 끈으로 토마토 쪽은 느슨하게 묶고 지주는 단단히 묶는다. 나중을 생각해서 매듭을 짓지 않고 리본을 만들었다. 토마토꽃이 여러 송이 피었다. 펼친 손가락 마디마디에 핀 노란 꽃은 고개를 뒤로 젖히고 맘껏 햇빛과 물을 받으며 노래한다.

나는야 주스 될 거야,
나는야 케첩 될 거야,
나는야 춤을 출 거야,
뽐내는 토마토

동요, 「멋쟁이 토마토」

출근하면 제일 먼저 토마토에 물을 준다. 토마토 터널 속을 걸으면 별빛 달빛 모아 붉고 탱글탱글한 방울의 유혹을 벗어날 수 없다. 매일 한 줌씩 빨갛게 익은 토마토를 따서 아침 간식으로 먹는다. 퇴근 때는 범주를 위해 한 줌을 더 딴다. 토마토로부터 매일 아침저녁으로 봐도 봐도 예쁜 범주가 자연스레 떠오른다.

식물은 물을 자주 주면 뿌리를 깊이 내리려고 노력하지 않는다. 땅속 깊은 곳으로 뿌리를 내려야 비바람에 넘어지지도 않고 양분을 흡수할 수 있다. 허약해진 토마토는 장마에 터지고 무름병이 와서 벌레가 잔뜩 끼었다.

게으른 농부의 밭에서 난 작물은 크기와 모양은 볼품없지만 맛은 좋다. 때맞춰 물과 거름을 주고 비닐 멀칭까지 해서 잡초들이 없는 완전한 조건을 만들기보다는 거친 자연환경에서 수많은 어려움을 겪고 적응하면서 만들어낸 맛이 더 좋다. 세상사 거친 파도를 겪으며 성장한 사람이 여러 가지 이야깃거리를 가지고 웬만한 어려움에도 굴복하지 않듯이 말이다.

호박넝쿨이 담을 넘어갔다. 남의 감나무를 타고 올라갈까 염려되어 범주와 함께 넝쿨을 따라갔다.

"엄마 저게 뭐야?"

감나무 가지에 매미가 탈피하여 벗어놓은 허물이 붙어 있다. 나무 밑동을 타고 올라와 매미가 되어 날아간 모양이다. 왜 껍데기만 달랑 붙어 있는지 궁금해 하는 아이에게 매미의 생애를 알려주었다.

"뭐야, 일주일 살려고 7년을 기다린 거야. 힘들었겠다. 애잔하네."
"와. 애잔이란 말도 알아?"
"달빛 아래 벌레 한 마리 잠들었다
먹던 나뭇잎 반 장
내일 먹으려 남겨 두고
달빛 이불을 덮었다
저 눈부신 애잔"
"이기철 시 「애잔」을 알고 있네."
"미래 작가를 꿈꾸고 있잖아. 엄마보다 책을 더 많이 읽었을 걸?"

매미 이야기를 하면서 미래에 멋진 삶이 기다리고 있으니, 지금은 참고 견디어야 한다고 말해주려던 내가 부끄러웠다. 나무에 매달린 7일만을 매미의 삶이라고 했지? 굼벵이의 시간은 의미가 없는 건가? 아니다, 굼벵이도 매미다.

가족이 나를 채운다

밤에 무엇을 할까?

낮에는 각자의 공간에서 생활하다 밤이 되면 한 집에 모인다. 밤은 사고의 틀에 맞추려는 이성은 잦아들고, 감각이 날카로워진다. 세상을 다르게 보고, 이면에 대해 질문하는 시간이다.

밤에는 한 공간에서 같은 공기를 마시며 서로를 인식한다. 적당한 양보와 함께 먹는 음식, 같은 소파에서 발 뻗고 누워 꾸벅꾸벅 조는 신랑, 한라봉을 먹는 나, 핸드폰을 보는 두 아들, 혼자 놀고 있는 TV, 각기 따로지만, 또 같이다. 가족이 밤을 채운다.

한밤중 재봉틀을 돌리고 일기를 쓰는 밤이다. 피로한 얼굴이 거울 속의 나를 본다. 몸과 마음에 환기가 필요하다. 밖을 보니 실눈처럼 뜬 달도 구름에 가려 보이지 않는다. 달도 피곤하다고 구름이 이불을 덮어 주었을까? 유리단지에 밤을 담는다. 함께 들어온 달빛과 별빛도 담는다. 어둠이 끌어들이는 달빛의 마법을 보고 싶다.

거실로 나와 밤 단지를 '느티' 위에 놓는다. '느티'만 있으면 무엇이든 이야기할 수 있고, 새 '보미'가 있어 어디든 갈 수 있다. 나는 느티와 보미가 전해주는 걸 받아 적는다. 매일 밤이 되면 나는 꿈으로 한 발짝 걸어 들어간다. 바람이 들려주는 장단에 맞춰 뚜껑을 열고 밤 단지에 꿈의 씨앗을 넣는다.

자정이 넘었다. 느티에 팔을 대고 밤공기를 생각한다. 남편은 소파에서 배드민턴 경기를 보다 졸고 있다. 나는 갑자기 더워 선풍기를 틀었다가 어깨가 시려 이불을 끌어당긴다. 적당히 편안하고 살아 있는 공기다.

'삑삑' 현관문이 열린다. 이어서 '쿵쾅' 무거운 발걸음 소리, 발에서 벗겨진 신발 한쪽이 멀리 굴러 사이가 벌어진다. 한주와 범주가 돌아왔다. 유튜브 때문에 숙제를 못한 범주는 형 한주에게 끌려가 대학교 동아리방에서 오후 2시부터 12시까지 공부를 했다. 10시간 동안 핸드폰을 못한 범주는 씩씩댄다. 라면을 먹겠다며 '우당탕' 그릇과 냄비를 볶아낸다.

"핸드폰 통제 들어간다. 너는 중독 수준이다."

라면을 먹던 범주의 젓가락이 마룻바닥으로 떨어진다. '쾅' 화장실 문이 흔들린다. 콸콸콸, 줄줄줄, 물이 흐른다. 밤공기가 그랬다. 연속적인 파열음. 쏟아지는 날카로운 말들이 콕콕 범주를 공격한다.

"범주! 어서 나와! 지금 행동이 뭐야! 빨리 안 나와!"

계속 찌른다. 낮에는 '그냥 공부하지 말고 쉬어라'며 너그러웠던 마음이 밤에는 한곳에 집중되어 더 날카로웠다. 범주는 수첩에 이렇게 기록했다. '밤라면—짜디짠 눈물의 이기적인 매운 맛'. 작은 소리나 공기 중에 스민 냄새에 예민하게 반응하는 밤이었다.

점심시간에 자전거를 타느라 흘린 땀을 식히면서 온도 차가 심했나 보다. 감기 · 몸살 증세가 있다. 운동을 가는 남편에게 감기약을 부탁한다. 밤늦게 들어오니 밖에 나가 있는 한주에게 말하라 한다. 한주는 편의점 단골 범주에게 약을 사오라고 시킨다. 범주가 사온 알약을 먹고 소파에 누워 TV를 보다 잠이 들었다.

꿈속에서 엄마 이모와 함께 여행을 갔다. 음식을 만들어 먹고 나름 만족스러웠는지 불편한 자리지만 일어나기 싫었다.

"엄마, 여기서 자면 입 돌아가. 착하지! 얼른 일어나 방에 가서 자야지."

범주가 깨운다. 내가 한 말을 그대로 배워서 한다. 시계를 보니 12시 30분. 모처럼 만족스럽고 여유 있는 아들의 모습이 좋았다. 식탁 위에 약봉지가 두 개 더 있다. 신랑과 한주가 사 온 약이다. 하루 만에 감기약 부자가 되었다.

방에 들어가 침대에 누웠다. 눈은 감았지만, 정신은 더 또렷하다. 배가 나온 후부터는 등을 대고 자는 것보다 팔을 베고 옆으로 누워 자는 게 편하다. 조용히 누워 있는 신랑의 모습이 들어온다. 옆으로 마주 보고 같은 모습으로 누워 신랑의 손을 맞잡는다. 하트가 그려진다. 밤에 이불을 덮어주며 과거의 자리에 미래를 포갠다.

건너 방 화장실에서 물 내려가는 소리가 들렸다. 아들 꿈에 들어와 잠을 방해하는 친구가 있었나보다. 핸드폰 시계를 본다. 6시 30분 톡톡톡, 손가락이 깨어난다. 사그락 사그락 발가락이 이불을 밀어내며 고개를 내민다. 부우웅뿡 엉덩이도 하품하며 밤사이 열심히 일한 흔적을 알린다.

"뭐해?"

"밤과 나에 관해 쓰는 중이야."

핸드폰 메모장에 박히는 글자들이 새롭게 태어난다. 이불을 개면서 현재의 자리에 기억을 수놓는다. 깨어나는 소리 속에 밤의 소멸이 함께 있다.

구름정원에서의 하루

검은 호랑이해 해맞이 하러 아미산 입술 자리 천태암으로 향했다. 새벽 5시에 나선 길, 어둠이 짙어 앞이 잘 보이지 않는다. 내비게이션을 켜고 대곡보건진료소를 지나 다시 천태암을 입력했다. 새벽행은 처음이라 자칫 다른 길로 갈까 염려되었다.

전봇대 이정표를 보고 도는데 앞바퀴가 길을 벗어나 논에 빠졌다. 어렵게 후진하여 뺐지만, 덜커덩거리는 움직임이 어디가 떨어져나갔다. 다른 날이면 짜증을 내며 되돌아갔을 텐데 그냥 넘어갔다. 부처님을 만나러 가는 길이라 모든 게 너그럽다.

벌써 많은 사람이 왔는지 차들이 줄지어 서 있다. 500m 지점에 차를 두고 천태암까지 걸어 올랐다. 차가운 공기가 저절로 손을 호주머니에 들이고 발걸음이 빨라진다. 다행히 늦지 않고 제시간에 도착했다. 두꺼운 솜옷을 입어도 이빨이 부딪히는 추운 날이다.

"범주야 안 추워?"

"저기 돌 위에 앉은 부처님이 더 추워 보이는데."

절 입구에 있는 삿갓 모양 바위에 돌부처님이 앉아 있다. 부처님은 어깨와 가슴이 다 드러나는 얇은 주름옷을 입었다.

면장님과 박사님은 벌써 와서 사람들과 이야기를 나누고 계셨다. 스님은 반달 웃음을 지으며 잘 익은 고구마와 보이차를 주셨다. 종이컵에 담긴 차가 시린 손과 마음을 데워주었다.

30분 후면 해가 뜬다고 해서 서둘러 정상으로 향했다. 15분 이상 계속 가파른 길을 올랐다. 빈속에 두꺼운 옷을 입고 경사가 급한 길을 오르려니 현기증이 났다. 스님이 주신 고구마를 나누어 먹었다. 고구마의 힘, 아니 부처님의 힘을 받아 한발 한발 앞으로 나아간다. 범주가 앞에서 손잡아주고 한주가 뒤에서 등을 밀어 아미산 정상에 도착했다. 마을 청년회에서 산신제를 준비하고 있다. 범주도 힘들었는지 헉헉거리며 토할 것 같다고 했다. 옆에 있던 아주머니가 건네준 물을 마시니 진정이 되었다.

산들이 밀려오는 파도처럼 겹겹이 펼쳐졌다. 그 속을 뚫고 붉은 기운을 내며 찬란한 해가 고개를 내민다. 우리는 두 손 모아 소원을 빌었다.

"범주는 무슨 소원 빌었어? 100점 맞게 해달라고 했니?"
"그냥, 춥지 않게 해달라고 했어."

현실과 동떨어진 것 같지만 가장 필요한 소원이다. 범주답다. 산에서 내려오며 다시 부처님을 보았다. 등을 보이는 부처님 머리 위로 고구마 연기가 흘러가고 있다. 마치 군고구마를 들고 계실 것만 같다. 이제 춥지 않으시겠다.

스님과 박사님과 면장님과 함께 떡국을 먹는다. 직접 재배한 표고버섯과 굴이 들어간 떡국이다. 흘린 땀을 대신하여 채워주는 뽀얀 국물은 뼛속까지 스며드는 보약 같다. 스님이 우리에게 차를 내어주신다. 테이블을 사이에 두고 앉은 스님과 나의 거리가 무척 가깝다. 스님은 문수, 한주, 범주, 미양, 각자의 이름을 불러주며 의미를 부여하신다.

문수, 이름이 크다. 부처님 세계에 지혜를 관장하는 문수보살이 있다. 성격이 이름을 따라간다고 했을까? 아침마다 묵향을 풍기며 마음을 다스린다. 우리 가족을 인자한 웃음으로 품어준다. 한가로움의 주인인 한주스님이 있단다. 이름처럼 우리 아들 한주도 고통을 극복하고 쉼도 예술이다. 생명을 불어넣어 주는 범주스님은 행복을 주는 삶의 활력소다. 아름다운 별 미양, 한없이 내어주어야 빛이 난다. 이름이 얼굴이다. 이름을 불러주면 꽃이 핀다.

가족에게 보내는 엽서

나의 소중하고 든든한 백, 문수씨.

우리 처음 만날 날을 기억하나요? 이름도 모르고 장소에 나왔던 나였죠. 그때는 핸드폰도 없던 시절이라 커피숍에서 내 이름을 부르며 당신을 찾았어요. 인연이 되어 25년 세월을 같이 살았네요.

책임감과 추진력이 강한 나는 앞서 가다보니 다치는 일도 많았죠. 그때마다 옆에서 나를 둥글게 만들어준 사람이 당신이네요. 잔소리하며 앞만 보고 가는 나에게 생각할 시간을 주었지요. 당신의 지지와 도움이 없다면 여기까지 오지도 못했을 거예요. 언제나 나의 든든한 백. 항상 고맙습니다.

복덩이, 큰아들 한주야.

너는 나에게 선물과 같은 존재야. 아픔을 예술로 승화시켜 준 아들. 네가 참 자랑스럽단다. 알아서 척척 대학도 가고, 컴퓨터도 잘하고, 친구들과의 관계도 좋고 말이야.

내가 너에게 너무 부담을 주고 있는지도 몰라. 엄마 아빠가 나이를 먹어 낳은 동생을 나중에 우리가 죽고 나면 형인 네가 돌봐야 한다고 너무 자주 이야기했지. 대학교 첫 등록금은 주겠다는 구체적인 답변에 엄마는 놀랐지만 안심이 되기도 했어.

그래서인지 동생을 너무 관리하는 건 아닐까? 요즘 범주가 엄마, 아빠, 형까지 모두 어른들 잔소리 때문에 입을 닫고 있잖니. 엄마나 아빠가 있을 때는 우리에게 맡기고 너도 좀 쉬었으면 좋겠구나.

회사 적응기간이라 힘들지? 모두 다 겪어낸 과정이고, 이 고비를 넘겨야만 다른 일도 할 수 있고 자신감이 생긴단다. 뭐든 잘할 거로 생각하지만, 정말 힘들면 쉬어도 좋다. 평균수명이 100세가 넘는 시대니까.

일과 삶의 균형이 중요해. 재미있는 거, 하고 싶은 거 하면서 살았으면 좋겠어. 너무 직장에 얽매여 살 필요도 없다. 인생은 정답이 없어서 가끔은 돌아가도 괜찮아. 넘어져도 다시 일어서면 되고 천천히 가도 결국은 도착해. 너는 오늘도 충분히 잘하고 있어. 우리 아들 파이팅!

봐도 봐도 예쁜 둘째 아들 범주야.

아침저녁으로 너를 눈에 넣어야만 내가 살아갈 수 있어. 너에게 받는 행복이 나를 지탱해주거든. 남들은 명품가방을 산다고 하지만 나는 너를 안고 가는 그것만으로도 어깨가 뿌듯했단다.

언젠가 네 방에 끈으로 묶인 채 쌓여 있던 책더미를 봤어. 학교에서 선생님이 버린다는 책을 아깝다고 집으로 가져온 거였지. 책을 좋아하는 게 나를 닮은 듯해 좋았단다.

네가 구해준 50권이 넘는 그 책들을 잠에서 깨우는 때가 언제일까 궁금하네. 이미 다 읽었을 수도 있겠지만 말을 안 해주니 엄마는 모르잖아. 바쁜 엄마에게도 공유해 주면 좋겠다. 성장에 필요한 걸 부모가 아닌 책을 통해 배운다고 말하는 너를 볼 때 웃어야 할지 울어야 할지 난감하구나.

최근에 네가 작성한 수행평가 자료를 보았단다. '나의 생애를 그래프로 표현하기'였지. 슬픔은 외할머니와 할아버지 죽음, 기쁨은

24세에 작가 등단이었지. 대학 졸업 후 결혼도 하고 첫아이도 낳고, 40세에 베스트셀러 작가가 된다는 내용이 담겨 있었어.

엄마의 모습이 헛되지는 않았나보다 안심도 되면서 이제 다 컸다고 느껴졌어. 미성년자니까 부모의 간섭이 필요한 때라 말했는데, 이렇게 자기를 설계할 줄 아는 '아이어른'으로 성장했구나. 난 '어른아이'로 돌아갔는데 너와 내가 위치가 바뀐 것일까?

『탈무드』의 격언에 '남을 행복하게 해주는 것은 마치 향수를 뿌리는 일과 같다.'는 말이 있지. 향수는 특정한 사람에게만 머무는 게 아니라 그 자리에 있는 모두에게 향이 묻어나지. 너는 나에게 행복을 주는 아이야. 네가 행복해야 나도 행복해.

5부

다리, 꿈꾼다

섬진강사람들

곡성에는 두 개의 강이 흐른다. 섬진강과 대황강이다. 섬진강은 진안에서 발원하여 전라북도와 전라남도 곡성, 구례, 광양 등 10개의 시군을 거쳐 남해로 들어간다. 여러 마을을 품은 섬진강은 물이 깨끗하고 깊지 않아 돌의 형태를 다 드러낸다. 맨질맨질 둥근 돌은 쟁반을 엎어놓은 듯 햇빛을 받아 반짝인다. 어디를 봐도 시원하고 훤하다.

섬진강을 지키는 사람들이 있다. 고달면 가정마을을 지키는 면장님, 청소년야영장 옆에서 건강을 지키는 K원장님, 호곡리 도깨비마을을 지키는 촌장님, 가정역을 지키는 푸른낙타 야암선생님이다.

(사)한국에서가장아름다운마을연합에서 다섯 번째 아름다운 마을로 지정한 가정마을에는 섬진강 기차마을의 종착지인 가정역이 있다. 가정역은 관광버스 주차장이면서 기차가 머무는 곳이다. 증기기관차에서 내려 물소리, 새소리, 바람소리를 들으며 출렁다리를 건너면 마을 앞에 무성한 느티나무가 정겹게 맞아준다.

나무 그늘에 앉아 바라보면 명산대천을 만끽하는 정자에 앉은 것 같다하여 가정(柯亭)마을이라지만, 함께 생활하는 가정(家庭)이란 이름처럼 따뜻한 사람이 모이는 곳이다.

마을 입구에는 곡성군 청소년야영장이 있다. 잔디 광장이 있어 섬진강을 가까이 즐길 수 있고, 가족 단위 캠핑도 가능하다. 주말이면 텐트촌이 형성되고 밤이면 강물을 비추는 별빛이 사랑을 더하는 곳이다.

이곳은 예성초등학교가 있던 자리다. 구례와 곡성의 뒤 글자를 따 이름 지은 학교다. 이곳에서 구례와 곡성의 일곱 개 마을 어린이들이 함께 어우러져 공부를 했다. 구례읍 논곡, 본황, 탑선마을과 고달면 가정, 두계, 호곡마을, 그리고 오곡면 송정마을이 해당된다.

가정마을에 사시는 알천 같은 면장님은 학교 앞을 지키던 플라타너스 넓은 잎처럼 항상 그 자리에 있으면서 언제든지 모든 걸 품어주는 듬쑥한 사람이다. 섬진강을 방문한 사람들에게 곡성을 소개하고, 외지에 나가 있던 친구들이 고향으로 내려오면 항상 찾는 분이다.

불편사항을 없애주는 해결사이며, 사진작가로 작품을 출품하고 지인들에게 선물도 한다. 해마다 나무에 글자를 새겨 서각 전시회를 하고, 우리음식연구회 회원으로 목요일이면 요리도 한다. '우산'이란 호를 쓰시며 동시 작가로 등단하여 『단풍차』라는 동시집과 『통일인재양성소 탑선마을 황룡사삼층석탑』 그림책을 낸 분이다.

섬진강을 사랑하는 야암선생은 흐르는 강물 위, 오가는 옛 기찻

길 아래에 집을 지었다. 섬진강에 푸른 낙타가 살고 있다. 항상 문이 열려 있는 푸른 낙타는 오는 사람 막지도, 가는 사람 붙잡지도 않는 곳이다. 바람도 쉬어가고 고양이 유월이도 강아지 다락이도 머물러 가는 곳이다.

많은 사람이 푸른 낙타에 머물며 섬진강에 근심을 풀어 보낸다. 강물은 그대로 근심을 받아들여 품고 흐른다. 테이블은 항상 즐겁고 따스하다. "보잘 것 없는데 먹으라고 주네."하며 땅콩, 유과, 사과 등을 내온다. 직접 로스팅한 커피는 최고의 맛이다.

서예를 전공한 그의 글씨는 예술이다. 그만의 독특한 서체가 있어 어떤 작품이든 쉽게 알 수 있다. 무릎을 구부리고 허리 숙여 인사하는 듯한 'ㄹ'과 받침으로 쓰는 'ㄴ'은 힘을 빼고 무심한 듯 일(一)자로 한 획을 그어 쓴다. 우리는 야암체로 등록해야 한다고 했지만, 굳이 야암체라고 말할 필요도 없이 그 자체가 야암체다.

호랑이가 살았다는 호곡리에는 도깨비가 산다. 도깨비마을 촌장은 승용차 소리가 들리지 않는 깊은 산속에 자리를 잡았다. 그곳에서 글을 쓰고, 조각하고, 동요를 지으면서 하고 싶은 것만 하고 살고 싶었단다. 나중에 그곳이 아이들을 위한 공간으로 남았으면 좋겠다는 꿈을 갖고 지금의 도깨비마을을 만들었다.

촌장은 햇살을 밥상 위에 올려 밥을 먹고, 나비와 이야기하고, 멧비둘기의 사연을 들어주고 함께 울어주는 사람이다. 생각도 잘 피어나라며 배추머리를 하고 있다. 초등학교 교과서에 그림책 『책이 꼼지락꼼지락』과 동요 「숲으로 가자」가 수록되어 있다. 책을 내고 학교에 강연을 다니는 촌장은 바쁘다.

도깨비 하면 사족을 못 쓰는 촌장은 무엇이든지 해내는 도깨비 같다. 곡성세계장미축제 현장에서 '월드요들페스티벌 국제음악회'를 열고, '도깨비학회 국제학술 포럼'을 해마다 개최하여 곡성과 도깨비를 알리고 있다. 도깨비는 그동안 막연하게 무섭고 나를 혼내주는 괴물로만 생각했다. 도깨비마을로 들어서서 따라 걷다보면 친근감 있는 도깨비를 만나게 된다. 머리에 꽃을 심은 도깨비, 바위에 엎드려 기도하는 도깨비, 엉덩이를 하늘로 올리고 가랑이 사이로 세상을 거꾸로 보는 도깨비 등 웃음과 해학이 가득하다. 도깨비마을은 아이들 웃음소리가 끊이지 않는다.

내가 우체국을 퇴직한 후 지을 텃밭은 구례읍 논곡리 789로 탑선마을 끝자락이다. 천왕봉 아래에 탑과 신선이 있다고 탑(塔)자와 신선 선(仙)자를 써서 탑선이라 지명되었던 곳이다. 탑선마을에는 보물 509로 지정된 삼층석탑이 있다. 예전에 삼국통일을 이룩한 인재양성소 황룡사가 있던 곳이기도 하다. 그 기운이 골짜기를 따라, 냇물을 따라 예성초등학교 자리인 지금의 청소년야영장으로 이어졌다.

내가 자리 잡은 논곡리, 면장님이 있는 가정리, 촌장님은 호곡리, 야암선생이 송정리에 산다. 예성초등학교 학생들이 다시 모인 듯하다. 이곳에서 예술의 꿈을 펼칠 것이다.

토종 부추, 언제나 그 자리에

갈지만 다른 이름

목사동에서 대황강을 처음 만났다. 제법 큰 강인데 이름이 생소했다. 인터넷에 '대황강'을 검색하니 보성강이 나왔다.

대황강은 보성강이다. 곡성사람들은 지역에 흐르는 보성강을 대황강이라 불렀다. 국가하천에 이름을 올리지 못하고 우리만 불러주는 이름이다.

보성강은 보성군 웅치에서 발원하여 석곡, 목사동, 죽곡을 거쳐 오곡면 압록에서 섬진강으로 유입되는 강이다. 『대동여지도』를 보면 하류인 곡성은 '대황천'으로, 상류인 보성은 '정자천'으로 각기 다르게 표기되어 있다. 옛날에는 지역별로 '대황천' '죽천' '낙수강' 등 다르게 불렀다.

일제 강점기 초기에 지역마다 달리 부르던 걸 하나로 통일시켰다. 섬진강은 강이 끝나는 지점의 이름으로, 보성강은 전체 면적 중 점유하는 비율이 높은 이름으로 한 것을 보면 공통된 기준은 따로 없었나 보다.

현재 보성강은 주암댐과 보성댐이 생기면서 중 · 상류가 사라지고 하류인 대황강만 남았다. 지금이라도 이름을 되찾아주고 싶다. 마지막 강이 끝나는 지명으로 강의 이름을 받았다면 '보성강'도 '대황강'이 되어야 한다. 전체 점유 구간을 고려한다고 해도 지금은 하류 지역만 남았으니 '대황강'으로 당당히 이름을 올려줘야 한다. 이름을 불러주었을 때 꽃이 핀 것처럼 나부터 '대황강'이라고 자주 불러줘야겠다.

부추는 백합과에 속하는 여러해살이 잎줄기채소다. 다른 채소와 달리 한 번만 종자를 뿌리면 그다음 해부터는 뿌리에서 싹이 돋아나 계속 자란다. 동남아시아가 원산지로 우리나라 전역의 산과 들에서 자생한다. 그런 탓에 지역마다 부르는 이름이 다르다.

서울에서 부르는 이름이 부추다. 부추는 땅 위에 자라는 모습을 형상하여 만든 구채(韭菜)가 변한 것이다. ㄱ이 ㅂ으로 바뀌고 '채'가 '추'로 바뀌면서 부추가 된 것이다. 전라도에서는 소나무잎 모양과 같다고 '솔', 제주도는 '쇠우리'라 불렀다. 경상도는 부부간의 정을 오래 유지해준다고 '정구지'라 불렀다.

남자의 양기를 높인다고 '기양초'라고도 하고 과붓집 담을 넘을 정도로 힘이 생긴다며 '월담초'라고도 불렀다. 더욱 과장해서 부추를 오래 먹으면 소변기를 뚫는다고 '파벽초', 부인이 남편을 위해 초가삼간을 헐고 부추를 심는다며 '파옥초'라고 불렀다.

진시황이 불로장생을 꿈꾸며 몰래 먹은 풀이 부추였다. 불로초(不老草)라고 하면 사람들이 모두 다 먹어 씨가 마를까봐 가운데 로(老)자를 빼고 불초로 부르다가 부추가 되었다는 이야기도 있다.

옛날, 전라도에 온 서울사람이 부추전 없냐고 했더니 무슨 배추전을 찾느냐며 이상하게 여겼다는 이야기가 있다. 같은 식물을 지방마다 다르게 불러 국가표준식물목록위원회에서 표준식물 이름을 만들었다. '교양 있는 사람들이 두루 쓰는 서울말로 정함을 원칙'으로 한다는 기준으로 '부추'가 표준말이 된 것이다.

일제의 잔재로 남아 있던 큰개불알꽃이 봄까치꽃으로, 개망초꽃이 달걀꽃으로 이름을 바꿔가고 있다. 누구나 이름만 들어도 쉽게 작물을 떠오를 수 있는 '솔'이라는 이름을 되찾아주어도 좋을 것이다. 전라도 사투리라고 무시하지 말자. 오늘 저녁은 묵은 솔 김치와 추어탕에 솔솔솔 솔 가득 넣어, 솔 듬뿍 박은 오이소박이와 함께 먹어야겠다.

터줏대감입니다

내가 오기 전부터 텃밭에 부추가 있었다. 한겨울을 나고 봄에 제일 먼저 나를 반겨준 것도 부추였다. 가느다란 몸으로 자신을 지탱하고 있는 부추를 보니 신기하고 기특했다. 손가락 마디만큼 제법 자라 달걀찜에 넣어 먹을 수 있겠다. 나중에 잘 크라고 줄기를 다 남기고 가위로 손가락 한 마디만큼만 잎을 잘랐다.

며칠 후 면장님이 가늘고 끝이 말라가는 부추를 살피셨다. 잎끝이 마르면 그쪽으로 양분을 보내느라 부추가 크지 않고 보기도 흉하다. 부추는 바짝 잘라줘야 튼튼하고 쑥쑥 잘 자란다며 부추 낫을 주었다. 진작 알았다면 부추를 남김없이 잘라 부추전을 만들어 먹을 터인데 아쉬웠다.

'낫 놓고 기역 자도 모른다'는 말이 있듯 농부에게 낫은 친숙한 농기구다. 부추 낫이 있다. 낫 길이가 17.5cm로 어른 손바닥만 하고, 손잡이는 21cm로 주먹이 두 개 들어갈 길이로 작고 가볍다. 손잡이와 날이 반호처럼 둥글게 연결되어 있어 땅에 바짝 붙여 쓸 수 있다. 날에 톱니까지 있어 거친 풀도 잘 베어진다. 호미보다 힘이 덜 들고 빠르게 작업할 수 있는 장점은 있지만, 김매기에는 사용할 수 없다.

텃밭 일은 앉아서 작업하는 경우가 대부분이다. 허리를 접었다 폈다 하다보면 작업 속도가 늦어진다. 어떤 장비를 쓰는가에 따라 일하는 속도와 노동 강도가 달라진다.

나는 ㄱ자 형태의 작은 낫을 가지고 텃밭 일을 한다. 크기는 부추 낫처럼 한 손에 잡힐 정도로 작고 가볍다. 톱날이 없어 여러 가지 작업이 가능하다. 부추를 수확하면서 함께 자란 풀뿌리를 잘라 제거하고 바로 흙도 긁어줄 수 있다.

우체국을 마주하고 면사무소가 있다. 그곳에 키는 작지만 부지런한 손과 발을 가진 면장님이 계신다. 2층에 있는 면장실에서 보면, 우체국 출입구와 텃밭이 보였다. 여자 둘이 근무하는 우체국은 사고 위험이 있어 관심의 대상이었다. 아무것도 할 줄 모르는 도시 여자가 텃밭을 한다니 신경이 계속 쓰였단다. 매일 우체국에 들러 불편사항을 들어주고 텃밭 가꾸는 걸 도왔다.

비가 오는 날 상추 모종을 심을 때는 빨간 우산을 씌어주었다. 담장 주변에 뿌리면 풀이 덜 난다고 결명자도 주었다. 면장님과 함께 우체국 텃밭을 지은 셈이다. 밤톨 머리를 하고 계시는 면장님은 특히 부추를 좋아했다. 우유를 먹으면 설사를 하는데, 부추를 갈아 요구르트에 타서 먹으면 속이 편하고 좋다며 날마다 드셨다.

"부추 좀 뜯어 갈게요."

"저번에 뜯고 일주일도 안 지났는데 이렇게 컸네요."

"그럼요. 부추는 생장점이 지면과 닿아 있어 몇 번을 뜯어도 쑥쑥 잘 자라네요."

"게으름뱅이라도 기를 수 있어 별명이 게으름뱅이풀인가 봐요."

"남편이 부추를 많이 먹으면 일은 안하고 마누라랑 놀기만 해서 게으름뱅이가 된다는 말도 있어요."

"우리 텃밭에서 부추는 언제든지 아낌없이 주는 착한 효자네요."

식물의 생장점은 주로 줄기 끝에 있다. 줄기가 꺾이면 생장점도 사라져 식물은 죽는다. 부추는 땅과 바짝 붙은 짧은 줄기에 기다란 잎을 달고 자란다. 잎을 베어내더라도 생장점이 있는 줄기는 죽지 않고 남아 잎을 새로 만들어낸다.

부추의 고향은 몽골의 초원지대다. 소나 말 등 초식동물들과 살아남기 위해, 아무리 먹혀도 줄기를 뻗어 종족을 번식하는 생존전략이었다. 부추는 꺾이면 짐승들이 싫어하는 강한 냄새를 낸다. 자기를 지키기 위한 몸부림인 셈이다.

여름 땡볕 아래 부추밭에서 불꽃놀이가 펼쳐졌다. 짙은 초록색 줄기 사이로 공 모양으로 작은 꽃이 피어, 커다란 원을 그리며 펑펑 펑 터졌다. 초록빛이 감도는 하얀 부추꽃은 여름 밤하늘에 반짝이는 별처럼 예쁘다.

부추는 백합과 채소다. 자세히 보니 꽃잎 석 장에 꽃받침 석 장으로 백합과 모양이 같다. 부추꽃을 꺾어 투명한 유리병에 꽂아 이곳저곳에 두었다. 한 다발은 면장님께 선물했다. 이틀 후 잎은 누렇게 변하고 물러졌지만, 꽃은 짱짱하게 열흘 이상을 피며 나를 기쁘게 했다.

원래 백합꽃은 수명이 짧다. 부추꽃은 작은 꽃들이 차례차례 피어 오랫동안 피어 있는 것처럼 보였다. 부추꽃의 지혜였다. 꽃말은 '변함없는 사랑'이다. 꽃이 작고 수수하지만, 오랫동안 꾸준하게 피어나며 은은한 매력을 발산하기 때문이다.

너만 있으면

작은 우체국은 두 명이 근무한다. 한 명이 휴가를 내면 다른 국에서 직원이 파견 나와 같이 근무한다. 한 달에 한 번 이상은 발생했고, 주로 K사무장이 보근을 왔다. 그날은 면장님과 복지팀장과 함께 네 명이 뭉쳐 점심을 만들어 먹었다. 새조개 샤부샤부, 삼겹살에 채소쌈, 능이백숙 등 많은 요리를 함께 나누었다.

하루는 면장님이 '집에서는 고추장 넣은 갈비찜만 먹어 맛이 없다'고 간장 갈비찜을 주문했다. 두 손에는 석곡에서 사온 흑돼지 갈비가 들려 있다. 11시부터 준비해도 빠듯한 시간이다. 오랫동안 물에 담가두어 핏물을 빼면 좋지만, 시간적 여유가 없어 맛술과 통후추, 마늘, 대파, 생강, 월계수잎을 넣고 초벌 삶기를 한다. 불순물이 들어 있는 탁한 거품을 걷어내고 맑은 물로 한번 헹군 후 간장과 손질한 감자와 당근을 넣고 다시 졸인다.

미리 당근과 감자는 모나지 않게 끝을 둥글게 깎아준다. 오랜 시간 졸이는 과정에 모서리가 날카로우면 서로 부딪히면서 다쳐 부스러진다. 모양을 유지하기 위해서는 손이 가더라도 끝을 날려주는 작업이 필요하다.

빨리 익는 양파는 나중에 넣는다. 마지막에 참깨를 살짝 뿌려주면 모양 좋고 맛도 좋은 갈비찜이 완성된다. 고기 요리에 채소는 필수다. 텃밭에서 부추를 베어 고춧가루와 참기름에 무쳐 겉절이로 함께 냈다.

“점심을 과하게 먹었더니 체했나, 속이 매슥거리네.”

“제가 손가락을 바늘로 따 드릴까요?”

“괜히 잘못하면 파상풍 걸릴 수 있으니 그냥 소화제 드세요.”

“소화제가 없는데, 보건소도 점심시간이라 문을 닫았을 텐데.”

“부추즙을 먹으면 속이 편안해지면서 금방 좋아져요.”

한 시간이라는 짧은 시간에 밥을 먹고 치우다보니 급하게 먹었다. 나는 배를 만지며 크큭거렸다. K사무장이 바늘을 들고 다가오며 손가락을 잡는데, 복지팀장이 손을 내저으며 소화제를 먹으라 한다. 면장님은 언제 뜯었는지 부추를 한 움큼 주며 갈아 마시면 좋단다. 알싸한 향이 코끝을 찡그리게 했지만, 마음이 고마워서인지 부추즙의 효능인지 금방 트림이 나오면서 몸이 가벼웠다.

'봄에 딴 첫 부추는 사위도 안 준다'는 말이 있다. 봄 부추는 천연 자양강장제라는 말처럼 양기를 돋우는 채소다. 각종 무기질과 비타민이 풍부해 노화 방지는 물론 성인병 예방에도 좋다. 『동의보감』에서는 부추를 간의 채소라 했으며, 『본초강목』에서는 부추를 먹으면 선식을 다스리고 어독을 풀며 당뇨병과 식은땀을 그치게 한다고 기록될 정도로 간 건강과 당뇨병에 효능이 있다. 손발이 차갑고 식은땀을 많이 흘리는 사람은 부추를 먹으면 몸이 따뜻해지고 기력이 보충된다.

곧 비가 내릴 것처럼 잔뜩 흐린 날이다. 초록색 부추밭에 까만 개미가 떼를 지어 부산하게 움직였다. 부추밭 옆에 껄끄러운 환삼덩굴이 자라고 있어 맨손으로 잡풀을 뽑았다. 개미들이 자기 집을 건드린다고 득달같이 달려들어 내 손등을 인정사정없이 물어뜯었다.

"아아, 따가워라."

지난주 산에서 취나물을 뜯다가 찔레 가시에 할퀴어 상처 난 손이다. 염증을 잡아주는 부추가 내 손등을 쓰다듬어 주려고 왔는데 개미가 따라온 걸까? 고개 숙여 손등을 보면서 여러 가지 생각이 들었다. 소중한 개미집을 건드려서, 가녀린 취허리를 꺾어서, 미안하고 부끄러웠다.

이 나이쯤 되면 어떤 일에도 상처받지 않고 의연한 어른이 될 줄 알았다. 아직도 작은 일에 상처를 받고 속으로 삭힌다. 상처는 남이 주는 거라 어쩔 수 없지만, 상처를 아무는 것은 내가 스스로 할 수 있지 않을까? '이 정도 문제는 아무것도 아니다' 얼른 흘려보내기, 장소를 옮겨 환경 바꾸기, 쑥쑥 자라는 텃밭을 보며 땀 흘리기. 나는 지금 자가치료 중이다.

곰과 여우의 텃밭이야기

양배추 3형제, 신외무물(身外無物)

쓸개가 없다고요?

엄마는 소화가 안 된다며 항상 밥을 물에 말아 드셨다. 외할머니도 밥알이 무른 진밥을 좋아했다. 엄마의 사망 원인은 위암이었다. 그때는 몰랐지만 아마 외할머니도 위암으로 돌아가셨을 것이다. 나는 유전적으로 위의 기능이 약하다. 밥만 먹으면 끅끅거리며 배를 문지른다.

2년에 한 번, 짝수 해가 되면 건강검진을 한다. 우리 동네 내과 K 원장님은 소화기 쪽을 잘 보시는 걸로 유명하다. 기초 신체검사와 피검사를 하고, 위와 대장 내시경검사를 했다. 복부 초음파검사 중인데 이리저리 배를 문지르며 고개를 갸웃거린다.

"왜, 뭐가 문제 있나요?"
"간 아래에 있는 담낭이 안 보이네요 수술한 적 있나요?"
"예전에요. 염증이 심해 고름이 5cm 이상 찼다고 했는데."
"그때 떼어냈을까요?"
"제거했다는 말은 없었어요. 고름을 짜면서 붙어버렸을까요?"

"담낭, 즉 쓸개는 7~10cm 크기로 작아요. 몸 상태에 따라 위치를 달리할 수 있으니, 다음에 한 번 더 찾아보죠."

"쓸개가 없으면 어떡해요?"

"일상생활을 하는데 별지장이 없어요. 작은 크기의 담낭은 괜히 문제를 일으키니 제거하는 게 좋아요."

걱정스러웠다. 사람이면 가지고 있어야 할 기관이 없다는 건 균형이 깨진 거다. 줏대가 없는 사람을 흔히 쓸개 빠진 사람이라고 했다. 내가 그 쓸개 빠진 여자였다니 말이 안 된다. 쓸개를 찾아야겠다.

2017년에 수술했던 병원에 전화했다. 복강경수술을 할 때 담낭 제거술은 없었다는 답을 들었다. 2019년 낙월우체국장으로 근무할 때, 배가 안 뜬다는 불안감에 창자가 꼬여 복통이 심했다. 복부 CT 검사를 했다. 담석이 있지만 크지 않아서 시간이 지나면 빠져나올 거라 했었다. 그때까지는 쓸개가 있었다. 어디로 갔을까? 쓸개를 찾기 위해 대학병원에 CT검사 예약을 잡아야 하나?

쓸개(gallbladder, cholecyst) 또는 쓸개주머니 또는 담낭(膽囊)은 길이가 7~10cm, 굵기가 4cm정도 되는 주머니 모양 기관으로 간의 아래쪽에 붙어 있다. 쓸개의 가장 큰 역할은 간에서 분비된 쓸개즙을 저장하고 지방을 유화시킨다. 쓸개즙은 음식을 먹기 시작하면 30분 이내에 전부 방출되며, 그런 뒤에는 간에서 나온 엷은 쓸개즙이 직접 분비된다. 담석(膽石) 등으로 인해 쓸개를 제거해도 소화에는 거의 영향이 없다.

「위키백과」

폭식하지 말고 적게 자주 먹으면 아무 문제가 없다. 더욱이 기름진 음식을 줄이니 다이어트에 도움도 되고 좋다는 생각에 이르렀다. 쓸개를 찾아서 어떡할 건데? 수술하기 위해서 찾는다고? 결국은 찾지 않고 소화에 좋은 음식을 먹는 걸로 결론을 내렸다.

소화를 위하여

부추와 신선초밭을 갈아엎었다. 부추와 신선초는 내가 오기 전부터 텃밭을 지키고 있었다. 비교적 손이 덜 가는 작물을 키우다보니 다년생 작물만 남았다. 작은 텃밭 규모에 비해 그들이 차지하는 면적이 지나치게 넓었다. 신선초와 부추는 향이 강해 수확해도 처리가 힘들었다. 신선초는 그늘에 있는 연한 뿌리만 남기고 다 없앴고, 부추는 1/3로 줄였다. 그 대신 소화작용에 도움을 주는 브로콜리, 양배추, 콜라비 등 특수작물을 심기로 했다.

양배추와 브로콜리, 콜라비는 조상이 케일로 같다. 케일이 자라면서 발생한 변이를 인간이 손을 대면서 개량한 채소들이다. 케일의 잎을 둥글게 말고 잎을 키운 게 양배추다. 브로콜리는 꽃봉오리를 발전시킨 거고 콜라비는 줄기를 굵게 개량한 거다.

양배추 3형제는 씨를 뿌리기보다는 모종으로 심는 게 효과적이다. 모종 가격은 다섯 개에 2천 원으로 한 개에 400원 정도다. 다른 모종에 비해 비쌌지만 잘 키우면 한 개에 2천 원씩 하니 다섯 배는 된다. 조상이 같아서 그런지 모종의 잎이 똑같아보였다. 헷갈리지 않게 이름표를 써서 붙여두었다.

땅 위에서 자라는 양배추와 브로콜리는 넓게 펼쳐 사이 간격을 두고 가로로 심었다. 뿌리가 자라는 비트와 콜라비는 세로로 두둑을 높여 각각 열 개씩 심었다. 나중에 알았는데 콜라비는 줄기가 자란 걸 수확한다.

부지런히 인터넷으로 직접 공부해야 했다. 면장님이나 금손할머니는 키운 적이 없는 작물이라 도움을 요청할 수도 없었다. 텃밭 고수들은 '단맛이 나는 채소는 봄에 심으면 애벌레밥이 되어 수확하기 힘들다'고 말했다. 모기장처럼 생긴 한랭사를 씌우면, 나방이나 애벌레, 달팽이 등 해충으로부터 작물을 보호할 수 있다고 했다. 우박이나 강풍 등 자연재해에도 피해가 적어 친환경농산물을 재배할 때 필수란다.

인터넷에서 한랭사와 활대, 집게까지 세트로 샀다. 이랑에 활대를 한 팔 간격으로 다섯 개를 꽂았다. 그 위에 촘촘한 망인 한랭사를 씌우고, 양옆을 흙으로 막아 집을 지었다. 문을 여닫을 수 있도록 앞 · 뒤쪽에 한랭사를 겹쳐 벽돌로 눌렀다. 한랭사를 쳐주니 햇빛도 적당히 막아주고 세찬 물줄기도 구멍을 통과하면서 미스트처럼 촉촉하게 스며들었다.

비가 온 날은 출근하자마자 우산을 쓰고 텃밭을 둘러보았다. 밤새 두더지가 왔다 갔는지 비뚤어진 고추 모종을 잡고 장화로 흙을 밟아 일으켜 세웠다. 3층 채소 집에는 물방울들이 그네를 타고 있다. 그 아래 둥글둥글 매달려 있는 둥굴레꽃은 하얀 눈물을 뚝뚝 떨어뜨렸다. 기다리다 떠나지 못한 민들레 홀씨는 눈물을 머금은 눈물 씨앗이 되었다. 단내 풍기는 양배추 3형제를 보호하고 있는 한랭사 그물망에는 곤충이 흘린 침이 방울방울 매달렸다.

부추밭에 모여 있던 개미들은 땅속 집으로 들어갔다. 구멍마다 한두 마리 정찰 개미가 있어 고개를 쏙 내밀고 두리번두리번 하늘을 쳐다본다. 개미의 세상도 인간의 세상처럼 역할이 있나 보다.

귀가 없어 듣지 못하고, 입이 없어 말을 못하고, 발이 없어서 갈 수가 없는 식물들은 끼리끼리 무더기로 어울려 지낸다. 옥수수 옆에는 콩순이, 호박 옆에는 아주까리가 자란다. 질경이 옆에는 쇠비름이 서로 기대어 살고 있다. 비 온 뒤 아침 텃밭은 모두가 반짝였다. 나의 꿈도 영롱하게 대롱대롱 빛나고 있다.

어떤 다과상

텃밭에서 가장 오래 머무는 곳은 특별 관리를 받는 하얀 집이다. 양배추와 브로콜리가 들어간 초록 방과 콜라비와 비트가 차지한 보라 방이 경쟁하듯 쑥쑥 컸다. 옛날에는 키우지 않아서 면장님도 금손할머니도 신기해하기만 한다.

"모기장 안에 있으니 벌레들이 오지 않아 좋겠다."

"니들은 주인을 잘 만나 호강한 줄 알아라."

면장님은 몸에 좋은 케일이 많다며, 녹즙으로 먹기 위해 날마다 들여다보며 잎이 나기를 기다렸다. 콜라비가 땅 위에 보라색 야구공처럼 올라왔다. 모양이 꼭 외계인이 사는 혹성처럼 생겼다. 매끄러운 보라색 껍질 사이에 기다란 잎자루를 꽂고 너울너울 춤춘다.

콜라비는 잎을 따주어야 줄기덩이가 큰다. 매일 위쪽 다섯 잎만 남기고 따서 야쿠르트를 넣고 갈아 먹었다. 뿌리채소인 비트는 잎이 많아야 영양분을 모아 뿌리가 큰다. 비트잎은 쌈채소에 나올 정도로 맛이 좋아 자주 따먹었더니 크기가 아이 주먹보다 더 작은 게 많았다.

콜라비는 잎이 떨어져 나간 자리에 하얗게 상처를 내면서도 무럭무럭 잘 자랐다. 처음 아이 주먹 크기일 때는 순무처럼 부드러웠다. 조금 더 키워볼 욕심에 두었더니 어른 주먹 두 개를 합한 것처럼 컸다. 그렇지만 칼이 들어가지 않을 정도로 딱딱한 심지가 생겨 먹을 수 없었다. 깍두기 모양으로 썰어 비트와 함께 피클을 담았지만 섬유질이 많아 씹어 삼킬 수 없었다.

지인 소개로 귀한 손님이 왔다. 대학교수로 퇴직하고 금융 상담을 위해 우체국에 오신 것이다. 직접 만든 마리골드차와 샐러드를 내었다. 텃밭에서 자란 양배추와 콜라비를 채 썰어 만든 샐러드다.

"이렇게 정성스러운 다과상은 처음이에요. 몸에 좋은 양배추와 콜라비, 마리골드차까지 눈, 코, 입, 몸 전체가 행복해요. 어쩜 차받침도 예술이네요. 한 땀 한 땀 수를 놓아 꽃밭을 만들었네요. 문살로 가리개를 만들다니, 아이디어 좋은데요! 어머, 광목천에 수묵화를 그렸네요. 과거와 현재 미래가 함께 있네요."

칭찬을 아끼지 않는다. Y 고객님은 차 문화에 조예가 깊다. 지금까지 많은 차를 마셨을 텐데 내가 만든 꽃차를 칭찬해주니 손이 부끄러웠다. 얼른 화제를 돌려 우체국 텃밭을 보여드렸다.

"업무를 보면서 텃밭을 가꾸다니 대단한데요. 고추, 가지, 양배추, 브로콜리, 콜라비, 없는 게 없는 만물 농장이네요. 이 양배추 좀 보세요. 내 얼굴보다 더 큰 것 같지요. 이렇게 일을 많이 하는데 어디 아픈 데는 없나요?"

"아플 틈이 없어요. 텃밭에 놀다보니 엔돌핀이 나와 나쁜 게 못 들어오나 봐요."

"맞아요. 잘 먹고 건강하게 잘 사는 게 최고죠."

눈이 오려는지 하늘이 잔뜩 흐렸다. 가을걷이를 끝내고 여러 군데 비어 있는 텃밭을 보았다. 내년 봄을 기다리는 양파와 마늘, 시금치, 부추만 추위에 오들오들 떨고 있다. 얼마 전부터 눈앞에 지렁이가 기어 다니는 비문증이 생겼다. 자꾸만 물 흐르는 소리가 들리는 이명 증상도 느껴졌다. 잘 먹으면 되겠지, 무심히 넘겨 왔는데 오늘은 몸까지 으슬으슬 떨렸다. 무와 작두콩을 섞어 뜨거운 차로 마셔보지만 얼굴은 달뜬 것처럼 열이 나는데 손발은 차갑다. 아무래도 K원장님을 만나야 할 때가 되었다.

오후에 조퇴하고 병원에 갔다. 변함없이 온화한 얼굴로 반갑게 맞아주는 원장님은 나보다 내 몸을 더 잘 아는 사람이다. 내가 텃밭에서 농작물을 가꾸는 동안, 병원에서 처방을 내려주며 나를 가꿔주신 분이다. 농작물도 휴지기가 있듯 충분한 휴식이 필요하다. 영양제를 듬뿍 넣은 수액을 맞고 한숨 푹 자면 훨씬 몸이 가벼워질 것이라 했다. 두 시간 동안 영양이 듬뿍 들어간 폭탄 주사를 맞으며 편안하게 깊은 잠을 잤다. 진득한 땀이 쑥 빠져나온 후 한결 몸이 가벼워졌다. 눈앞에 흐리던 것들도 사라지고 세상이 밝게 빛나 보였다.

'상처는 치유하는 것이 아니라 그것으로부터 자유로워지는 것이다.' 무라카미 류는 말했다. 그동안 얼마나 바쁘게 살아왔는가? 나를 그곳에 끼워 넣고 한숨 쉴 틈 없이 몰아치며 날을 세웠을까?

자연을 만나고 농작물을 키우면서 많은 걸 배웠다. 스스로 내려놓는 방법을, 비워야 채울 수 있는 법을, 아픔과 행복은 함께라는 걸 알게 되었다. 아픔도 행복과 마찬가지로 내 감정 중 하나다. 마음먹기에 따라 아픔과 고통도 사랑과 행복으로 바꿀 수 있다.

배추, 전당에 오르다

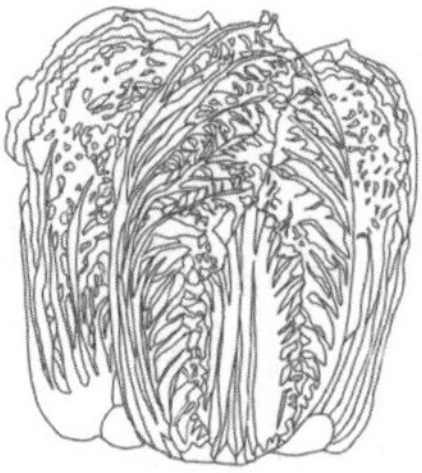

배추흰나비의 삶

우체국 텃밭에 하얀 나비가 날아다닌다. 나비를 보면 엄마가 곁에 온 듯 반갑다. 나비를 따른다. 꽃이 아닌 배추밭에 앉았다. 엄마의 품처럼 포근한 배춧잎 속이다. 배추밭에 알을 슬었을까? 배추흰나비는 앉자마자 본능적으로 산란관을 내렸다가 다시 접는다. 나비가 사라진 후 잎 뒷면을 보니 알이 없다. 곁에는 다른 하얀 나비가 같이 있다. 나비는 항상 쌍으로 함께 다닌다.

배추흰나비는 빠르면 3주에서 한 달 정도면 알에서 애벌레, 번데기를 지나 성충으로 완전탈바꿈을 하는 곤충이다. 수컷은 10일 동안 사랑을 하고 죽지만 암컷은 10일 정도 더 살다 죽는다. 짝짓기를 마친 암컷은 배춧잎의 뒷면에 조금씩 나눠가며 400개의 알을 슬고 죽는다. 배추밭에 흰나비가 많은 건 옮겨 다니며 알을 슬기 때문이다.

곤충이든 사람이든 여자가 더 오래 산다. 알을 품고 키우면서 먹는 게 모두 자식에게만 가는 건 아니다. 완경이 된 여자는 양분이 몸에 쌓여 살이 찌는 걸까? 배추처럼 몸통만 키우고 뿌리가 부실하면 골다공증으로 금방 쓰러진다. 나눠줄 대상을 찾아 땀 흘리며 일을 하든지, 운동으로 다른 근육을 키워야 한다. 그도 저도 아니면 먹는 습관을 바꿔야 한다.

작년에 심었던 자리에 배추를 다시 심었더니 올해는 감당이 안 될 정도로 애벌레가 많았다. 잠자던 벌레들을 다 깨워 그들의 왕국이 되었다. 배추도 열무처럼 같은 곳에 연이어 심으면 안 됐다.

배추밭에 사는 배추흰나비 애벌레에게는 곤충이 다가가지 못한다. 주름진 몸에 미세한 털을 세워 곤충이 싫어하는 액체를 분비하기 때문이다. 새에게 애벌레는 고급 양식이다. 새들로부터 피할 수 있는 배춧속은 애벌레가 살기 좋은 안식처가 되었다. 결국 배춧속 애벌레는 손으로 하나하나 잡아내야 한다.

매일 하다 보니 어디쯤 벌레 먹은 잎이 있는지 기억했다. 심각할 정도로 갉아 먹힌 잎들이 많은데도 애벌레들이 보이지 않아 조바심이 났다. 어디로 갔을까? 새에게 다 먹혔나. 일주일 후 배추흰나비가 날아들기 시작하면서 그 사실을 알게 되었다. 배추밭에 개미나 노린재, 무당벌레 같은 곤충들이 눈에 띌 정도로 많아졌기 때문이다. 아마도 애벌레에서 번데기, 나비가 되었다가 알로 되돌아온다.

어떡해요?

배추는 95%가 수분으로 물을 자주 주면 좋다. 남들보다 늦게 심었지만 열심히 물을 주었더니 무럭무럭 자랐다. 다른 밭은 속이 차고 있는데 아직 우리 밭은 넓은 잎만 자랑하고 있다.

좀 더 빨리 결구를 하라고 끈으로 묶어주었다. 처음에는 노끈에 잎이 상하고 아플 것 같아 느슨하게 묶었다. 잎이 자라면서 자꾸만 밑으로 벗겨졌다. 안 되겠다 싶어 끈의 위치를 위쪽으로 옮기고 입을 다물 수 있게 좀 더 세게 묶었다. 이번에는 위쪽으로 벗겨졌다. 어떡해요. 면장님?

"배추는 묶어주지 않아도 스스로 결구하여 폭이 찬답니다."
"다른 사람들은 힘들게 왜 묶어요?"
"서리에 동해 피해를 보기 때문에 보온을 위해서 하는 거죠."

"배추가 얼마나 자랐을까? 어머나, 여기서 나비를 키웠구먼. 이것으로 김장은 못하겠네. 우리 집 배추로 함께 합시다."

우체국 텃밭 배추는 잎을 활짝 펼치고 웃고 있다. 사모님이 오셨다.

노박사님네는 직접 재배한 배추와 무로 김장을 한다. 가족들과 나눠 먹는 김장인데 나까지 포함된 것이다.

노박사님 댁에서 김장하는 날이다. 다용도실에 테이블 두 개가 펼쳐져 있다. 스테인리스라서 청소하기도 쉽고 위생적이다. 옛날에는 바닥에 쭈그리고 앉아야 했는데, 서서 하니 허리도 안 아프고 좋다.

어제부터 준비해놓은 절인 배추가 한쪽에 가득 쌓여 있다. 빨간 고무대야에는 김치에 들어갈 양념이 가득하다. 이제 버무리기만 하면 된다. 박사님의 지시에 따라 언니는 김치를 버무리고, 남편은 양념과 배추를 나르고, 나는 김치통을 닦고 정리한다.

"이 많은 배추를 언제 다 한데요! 몇 포기나 돼요?"

"한 150포기정도 될 거야. 처음에 심은 한 판은 더위에 녹아 절반이 죽고, 나중에 심은 건 꿀통 배추가 많더라고."

"꿀통 배추요? 와! 배추가 꿀처럼 달아요?"

"모양은 폭이 꽉 찼는데, 속이 곯아 꿀처럼 녹아내려 먹을 수 없는 배추를 말해. 포기 수만 많지 속이 덜 차서 담으면 얼마 안 돼."

"중간에 무를 쪼개 넣으면 맛있으니 한 통은 따로 챙겨요."

손발이 척척 맞아 부지런히 김치를 담갔다. 어느덧 11시가 넘어 나는 점심 준비를 했다. 돼지고기를 삶아 막 담은 김치와 함께 먹을 것이다. 통삼겹살에 마늘, 파, 후추와 셀유스를 넣었다. 셀유스는 노박사님이 심혈관에 좋은 녹차, 강황, 하수오 등을 조합하여 만든 건강보조식품이다. 먹음직스러운 삼겹살이 노랗게 물들고 있다. 그 많던 배추도 통 속으로 사라지고, 양념도 바닥을 드러냈다.

"돌갓을 담으면 맛있는데 안 담그실라요?"

"여기 있는 것도 많은데 뭘 더 하신다고."

"이번에는 전라도 갓김치 맛도 볼 수 있겠네."

노박사님 한 마디에 면장님은 신이 나서 돌갓을 채취하러 갔다. 어제부터 준비하느라 몸이 많이 피곤하신 사모님은 반가워하지 않는다. 안양에서 사셨던 박사님네는 젓갈이 많이 들어간 전라도 갓김치 맛을 잘 모른다. 자줏빛이 도는 갓은 적은 양념으로도 색과 맛을 낸다. 갓 특유의 톡 쏘는 향이 다른 음식의 맛을 돋우고 함께 먹으면 잘 어우러져 시원하고 개운하다.

양념도 바닥이 났다. 사모님은 계량컵을 사용하지 않고도 간을 정확하게 맞췄다. 양도 에누리 없이 딱 맞았다. 갓 양념은 어떻게 하지? 면장님이 오셔야 양을 보고 재료를 준비할 텐데, 걱정되었다. 면장님은 점심때가 다 되어 나타났다. 갓이 많아 빨리 올 수 없었다며 20kg 쌀 포대 두 개를 내려놓았다.

"양념도 없는데 저렇게 많이 가져오면 어떡해요?"
"세 집이 나누어 먹으려면 이 정도는 있어야죠!"
"국장님은 다시마물 우리고, 찹쌀풀 만드세요."

사모님의 지시에 따라 언니와 면장님 박사님은 갓을 손질하고 씻고 다듬었다. 갓은 별도 절임이 없이 바로 양념에 살살 버무리면 된다. 양념도 많이 들어가지 않는다. 고춧가루, 액젓, 마늘, 찹쌀 풀을 넣고 다시마 우린 물로 농도를 조절한다. 여기에 남는 쪽파나 무가 있으면 같이 버무려주면 끝이다.

정말 갓김치를 담그는 법은 쉬었다. 과연 맛이 있을까. 완전 효자 노릇을 했다. 익을수록 톡 쏘는 감칠맛에 밥도둑이 따로 없었다.

갓은 별도로 재배하지 않아도 잘 자란다. 길가나 천변에 노랗게 핀 꽃들은 대부분 갓꽃이다. 노란 꽃만 봐도 갓인가 싶어 반갑고 침이 고인다. 보드라운 걸 베어 김치를 담고 싶은 마음이 저절로 들지만 참아야 했다.

Kimchi cabbage, 세계를 흔들다

중국에서는 배추를 숭(菘)이라고 쓴다. 겨울을 견디고 늦게 시들며 사철 언제나 볼 수 있어 소나무의 지조와 같다고 풀 초(艹) 밑에 소나무 송(松)을 붙였다. 배추 줄기가 하얗다고 해서 바이채(白菜)라고 했는데, 우리나라에서 배추가 되었다. 배추는 순무와 청경채가 자연 상태에서 교잡하여 만들어졌다. 속이 꽉 찬 배추와 땅속에서 통통하게 살찐 순무는 형제다.

예전에 배추를 뽑고 나면 삽을 들고 배추뿌리를 캐 먹던 기억이 있다. 삽이 들어가지 않을 정도로 언 땅속에 배추 뿌리가 단맛을 품고 하얗게 크고 있었다. 예전에는 배고픔을 달래기 위해 먹었다지만 우리는 심심한 입을 달래기 위해 배추 뿌리(우리는 끄덩이라고 불렀다)를 먹는다.

배추가 뽑힌 밭에서 사람들이 콩콩 하늘로 뛰어오른다. 어렸을 때 '스카이콩콩'이라는 놀이기구가 있었다. 아이의 키 성장을 위해 스프링을 달아 만든 거다. 작은오빠는 배추뿌리를 캐면서 삽으로 두 발을 딛고 스카이콩콩처럼 타며 놀았다.

배추가 잘려나간 곳을 살펴 밑동이 굵은 걸 찜하면, 작은오빠가 와서 두 발로 삽을 찍어 뿌리를 캤다. 흙을 털고 칼로 잔뿌리를 다듬어 함께 먹었다. 배추뿌리는 작지만 달짝지근해, 무의 알싸한 맛과 생고구마의 단맛을 함께 느낄 수 있었다. 요즘 배추는 몸통만 크고 뿌리는 가늘어 먹을 게 없다. 뿌리배추라고 따로 품종을 개량하여 이를 대체하고 있다. 맛은 비슷하지만, 추억이 사라진 뿌리에서는 단맛보다 쓴맛이 날 뿐이다.

배추는 계속 변하고 있다. 배춧과 식물들은 자가불화합성으로 다른 꽃과 교배를 해야만 자손을 남길 수 있기 때문이다. 토종 배추는 포기가 차지 않고 잎이 무성하다. 김장용 배추는 우장춘 박사가 중국 배추를 개량하여 만들었다.

김치의 역사는 삼국시대로 거슬러 올라간다. 처음에는 소금으로 하얀 백김치를 담갔으나 고추가 들어오면서 지금의 배추김치로 자리 잡았다. 배추는 비타민C, 칼슘, 미네랄이 풍부하다. 배추를 소금에 절이면 비타민C가 파괴되지 않는다. 여기에 젓갈과 찹쌀 풀을 넣어 서로 발효되는 과정에서 생기는 유산균은 장을 튼튼하게 한다. 배추를 김치로 저장하여 일 년 내내 비타민C를 보충했던 조상의 지혜가 놀랍다.

2012년 이전까지는 배추의 영어 명칭은 'Chinese cabbage'였다. 그러다 K문화가 전 세계에 알려지면서 2012년 국제식품규격위원회에서 'Kimchi cabbage'로 명명하게 되었다. 김치를 대표로 하는 K푸드가 태평양을 건너 세계를 흔들고 있다.

곡성 도깨비마을, 문화의 전당에 오르다

배춧잎머리를 한 사람이 있다. 산으로 들어가 온전한 시간을 갖게 되었다는 도깨비마을 촌장님이다. 도깨비마을은 끊임없이 이야기 나오는 화수분 같은 곳이다. 도깨비 역사관, 책 감옥, 바람의 전화, 숲 거울, 피아노가 있는 폐문으로 만든 집 등 체험 공간도 많다. 7세 이하 남자아이만 가능한 '오줌 누는 곳'도 있다. 칸막이로 가려진 것 하나 없이 산을 바라보며 그대로 서서 오줌을 쌀 수 있는 공간이다.

배설한다는 건 욕구의 표출이다. 자연에 되돌려주는 일이기도 하다. 오줌을 누면서 여러 가지 생각을 한다. 이 산은 내 것이라는 영역 표시인가? 다시 오겠다는 약속인가? 산과 어깨를 나란히 하고 당당히 자연과 하나가 되는 순간인가?

촌장이 도깨비마을에 터를 잡은 지 올해로 25년을 넘었다. 그의 꿈이 이루어졌다. 2023년 12월 도깨비마을에서 운영하는 프로그램 '내가 만난 첫 번째 문화유산'이 문화의 전당에 입성하게 되었다. 3년 연속 문화재청에서 실시하는 지역문화유산 활용사업으로 선정되었다. 도깨비마을은 어린이를 위한 공간으로 오래오래 남는다. 촌장은 '이곳이 어른들에게는 어린이 마음을 찾아주는 힘을 주는 곳, 어린이에게는 어린이 마음을 잃지 않게 하는 곳이었으면 좋겠다'고 말한다.

도깨비마을 촌장에게 새로운 꿈이 생겼다. 그 꿈은 '동요도서관'을 짓는 것이다. '푸른 하늘 은하수……' 윤극영이 죽은 누나를 그리며 지은 창작동요 「반달」이다. 우리나라뿐만 아니라 일본, 심지어 중국은 교과서에도 수록되어 널리 불리게 된 동요다. 창작동요가 만들어진 지 100년이 넘었으나, 동요를 들을 수 있고 부를 수 있는 장소가 없는 게 안타깝다. 촌장은 동요도서관을 짓기로 마음먹었다. 노래는 마음이 먹는 음식이다. 한 번 부르고 끝나는 게 아니고 계속 되뇌면서 주문을 건다. 마법처럼 주변을 하나로 묶어준다.

왜 '동요도서관'이냐고 묻는 말에 촌장은 이렇게 말했다.

"할아버지, 할머니, 엄마, 아빠 온 가족이 함께 부를 수 있는 노래가 동요랍니다. 동요는 어린이를 지켜내고 어른을 어린이로 돌려보내는 마법의 주문이죠. 처음은 소중해요. 책의 처음인 그림책, 노래의 처음인 동요, 모두 사람의 처음인 어린이의 것이에요. 동요 도서관은 모두 맑고 밝은 행복한 어린이가 되는 마법의 도서관이 될 거예요."

한 달에 두 번 촌장님을 만난다. 매월 둘째, 넷째 주 금요일 평생학습공동체 「섬진강아동문학반」에서 본다. 각자 쓴 작품을 읽고 문우들과 함께 합평하는 시간이다. 나를 동시 속으로 데려가 주말 내내 아이처럼 놀고 생각하고 행복한 시간으로 이어주었다. 섬진강물이 멈추지 않듯이 많은 책을 읽고, 많이 생각하고, 많은 글을 쓰는 문학인이 되겠다고 스스로 약속한다.

배추흰나비는 일생에 400개 정도 알을 슬었다고 한다. 그 많은 알이 모두 나비로 태어나는 건 아니다. 알은 무당벌레, 진딧물의 배를 채워주고, 애벌레는 사마귀, 새들의 먹이가 된다. 정작 나비로 태어나는 건 네 마리 정도란다. 등용의 문이 100대 1로 좁다. 나비가 되고자 하는 꿈과 한 눈 팔지 않는 성실함, 그리고 참아내는 인내가 필요하다.

배춧잎에 애벌레가 꿈틀꿈틀 살아가고 있다. 종일 초록 배춧잎을 갉아 먹고, 주름 잡힌 뱃속에서 소화한 다음 둥글둥글 푸른 똥을 눈다. 나비가 되는 꿈을 꾸며 기다리고 있다. 애벌레의 삶이 있었기에 하늘을 나는 아름다운 나비가 있다.

마늘과 양파, 다시 태어나

섬진강에 봄이 들면

눈이 많이 내려 길이 꽁꽁 얼었다. 가입했던 정기예금이 만기가 되었다며 큰오빠 내외가 우체국을 방문했다. 학교를 정년퇴직한 큰오빠는 연금으로 생활하고 있다. 2년 전 엄마를 떠나보낸 후 지금은 큰오빠 내외가 가장 큰 어른이다.

내가 만든 차 중에서 제일 맛있고 예쁜 차를 고른다. 구수한 작두콩과 무를 섞은 차를 전기포트에 우렸다. 티워머에 유리주전자를 올리고 마른 구절초꽃을 넣고 뜨거운 물을 부었다. 촛불을 받으며 주전자에 구절초꽃이 피었다.

차에 가장 어울리는 그릇을 준비한다. 야암선생이 만든 아끼는 차받침을 꺼냈다. 옛날 지붕을 덮었던 얇고 넓적한 돌을 모나지 않게 다듬고 매화 한 송이를 새긴 돌 받침이다. 밑은 평편하게 나무로 덧대어 섬진강에 떠 있는 돌 쟁반과 흡사하다.

작두콩 차는 손을 감쌀 수 있는 머그잔에 담았다. 그 밑에 천연 광목에 꽃을 수놓은 차받침을 두어 따뜻함을 더했다. 돌 받침 위에는 두 모금 정도 들어가는 작고 투명한 유리잔에 꽃차를 내었다.

섬진강 검푸른 돌 위에 봄이 들어왔다. 하얗게 핀 매화와 더불어 꿈을 마셨다. 차 한 잔을 내는 소소한 행동으로 아름다운 사람을 귀하게 대접했다. 무언가에 애정을 듬뿍 줄 수 있다는 건 참 행복한 일이다.

봄이 되면 강이 푸르고 산이 푸르고 하늘도 푸르다. 이런 봄이면 자신의 피도 푸르고 싶다는 사람이 있다. 푸른 낙타를 지키는 야암 선생이다. 푸른 낙타는 예술이 모이고 예술이 숨을 쉬는 공간이다.

예술가들은 자기만의 창의적인 생각의 순간이 있다. 가장 편한 사람들과 어울려 술을 마시면서 수다를 떨 때, 화장실에서 응가 할 때, 두 시간 이상의 장거리 운전을 할 때라고 말하는 사람도 있다. 푸른 낙타에서 수다 떠는 시간이 내게는 가장 예술적인 시간이다.

한참 떠들다보면 야암선생은 졸고 있다. 머릿속에 잡음이 가득하면 쉬어야 한다고 뇌가 신호를 보낸단다. 아무리 사람 만나는 게 좋아도 피곤하다. 말은 하지 않더라도 생각이 섞이니 쉬지 못하는 것이겠지.

'보기 위해 눈을 감는다'는 서각 작품이 그 자리를 메꿔준다. 푸른 낙타는 마늘과 같다. 여러 마음이 한곳에 모여 향기를 낸다.

버릴 게 하나 없는 마늘

배추와 무를 뽑고 난 자리에 마늘을 심었다. 양념류에 도전했다. 모든 식물은 자연의 시간대로 자란다지만 마늘대 올라오는 속도는 달팽이걸음보다 더 느리다. 초겨울에 심었는데 아직도 제자리

걸음이다.

느긋이 기다려야 한다고 다짐하다가도 날마다 올라오는 마늘대 길이를 재보곤 했다. 5월 초가 되자 드디어 마늘종이 나오기 시작했다. 흙 사이로 단단히 자리 잡은 마늘종의 끝부분을 한 손으로 당기니 뚝 끊어졌다.

"잉, 아직 덜 큰 걸 뽑는다고 앙탈하네."

"앵, 힘을 너무 주면 부러져요."

"막 나온 연약한 걸 그렇게 함부로 뽑으면 돼요?"

마늘종은 두 손으로 조심히 뽑아야 쏙쏙 빠져나온다. 나오면서 내는 '뽕' 소리가 듣기 좋아 자꾸만 뽑고 싶어진다.

마늘을 심을 때 넣은 퇴비 말고는 풀 약도 비료도 주지 않고 키웠다. 최대한 자연의 힘으로 키워 식물 본연의 맛을 먹고 싶었기 때문이다. 수확할 때 크기가 작아 약간 아쉬웠지만 뽀얗고 끝이 자줏빛을 돌며 매끈한 마늘을 보면 절로 웃음이 나왔다. 내가 드디어 양념류를 직접 키웠다니 대견스러웠다. '잘했어. 정말 잘했어.' 두 손으로 감싸며 양어깨를 두드려주었다.

막 캔 풋마늘은 장아찌를 담을 예정이다. 한정식집에서 반쪽으로 썰어서 나오면 예뻤던 장아찌였다. 알맹이만 드러난 식자재마트에서 파는 장아찌와는 차원이 다르다. 한 몸에서 나와 여섯 개의 심장을 가진 마늘의 마음도 함께 느끼고 싶었다.

마늘은 버릴 부분이 하나도 없다. 마늘의 꽃줄기인 마늘종은 식감이 연해 볶음이나 장아찌로 먹을 수 있고, 마늘의 줄기는 파 대용으로 송송 썰어 양념에 넣는다. 껍질과 뿌리는 깨끗이 씻어 육수를 낼 때 사용한다. 통마늘은 삼겹살과 함께 구워 먹고, 삼계탕에 넣어 익혀 먹고, 보온밥통에 3일 동안 쪄 흑마늘로 만들어 먹는다.

도깨비방망이로 여섯 개의 심장을 한곳에 넣고 톡톡 톡톡 다지기 시작했다. 적당히 버무려진 마음들은 자기 색을 드러내지 않고 어디에서나 잘 어울린다. 으깬 마늘은 각종 조림이나 무침, 국물 요리 마지막에 넣어 음식의 맛을 더해준다.

마트에서 한 봉지씩 사서 먹으면 항상 남아 곰팡이가 슬고 싹이 나서 버렸는데, 직접 키우니 요리조리 남김없이 더 알뜰히 쓸 수 있어 좋았다. 모두가 주인공이면 그 무대는 엉망이 된다. 뒤를 받쳐주는 배경도 조연도 있어야 한다. 모든 음식에 양념이 빠지면 맛이 없다.

사람을 울리네

고대 이집트에서 피라미드를 지을 때 노동자들에게 마늘과 양파를 먹였다는 흔적이 벽화에 남아 있다. 양파와 춘장은 중국음식점에 기본 반찬이다. 혈관 청소부라는 별명이 있는 양파는 기름진 중국 음식에 필수이다. 양파에 있는 쿼세틴(quercetin)이 혈관에 찌꺼기들이 붙지 않고 쑥쑥 잘 지나가도록 도와주기 때문이다.

양파는 많은 사람을 울린다. 양파를 썰면 알리인이 나오기 때문이다. 양파의 세포가 어떻게 배열되어 있을까? 양파를 세로로 썰어

보면 뿌리 위로 심이 있다. 이것이 줄기이고 잎은 세로로 빼곡히 붙어 있다. 우리는 양파 잎을 먹는다.

양파를 어떻게 썰어야 할까? 고민될 때가 많다. '세로썰기'는 세포가 덜 파괴되어 눈물이 덜 난다. 양파를 씹을 때 남아 있는 매운맛을 느낄 수 있으므로 국물 요리나 볶음 요리할 때 좋다. 샐러드 등 생으로 먹는 건 조금 맵지만 '가로썰기'를 해서 먹을 때 부드럽고 매운맛이 덜해 좋다. '가로썰기'할 때는 뿌리 쪽에 매운 성분이 많아서 위쪽부터 썰면 훨씬 덜 맵다.

자동차를 새로 사면 냄새를 중화시키기 위해 양파를 넣어두기도 한다. 그만큼 양파 냄새는 강하다. 몸에 좋은 양파 냄새가 싫다면 레몬즙을 이용하면 해결된다. 레몬을 띄운 물을 먹거나 씻으면 금방 냄새가 가신다.

양파가 허리를 꺾고 땅에 엎드렸다. 양파를 수확할 시기다. 바짝 말리면 오랫동안 보관할 수 있다. 양파망에 넣고 통풍이 잘 되는 곳에 보관해야 한다. 짐을 옮기면서 그대로 상자에 넣어두고 잊어버렸다. 코를 쥐어 잡고 꿉꿉한 냄새의 원인을 찾는다. 베란다에서 나는 냄새다. 귀퉁이에 있는 한쪽이 찌그러진 상자 밑에 검정 물이 흥건하다. 양파가 죽어가며 검은 피를 쏟아냈다. 마늘 밑에 깔린 양파가 썩어가고 있었다.

아까워서 전체를 꺼내 씻고 썩은 부분은 도려냈다. 전체의 3/4은 버리고 남은 건 썰어 양념에 버무려 김치를 담갔다. 싱싱할 때 만든 것과는 맛도 냄새도 달랐다. 아까운 김치 양념도 함께 버려야 했다.

미련을 불쌍함으로 포장하여 버리지 못하는 건 정말 미련한 짓이다.

사람 관계도 마찬가지다. 한번 관계를 맺으면 문제가 생겨도 끈을 놓지 못한다. 불편한 마음을 누르고, 함께했던 좋은 시간을 생각하며 관계가 회복되도록 노력하고 기다린다. 노력해도 안 된다면 마음을 접어야 한다. 양파처럼 썩어 문드러지고 검은 핏물이 낭자하기 전에 더 이상 상처받지 않도록 과감히 버려야 한다.

부활에 관하여

양파, 어니언(onion)은 진주를 뜻하는 라틴어 '유니오(unio)'에서 유래했다. 몇 겹의 진주층이 쌓여 영롱한 빛깔을 내는 진주처럼 양파도 층마다 영양분을 저장하며 빛을 낸다. 고대 이집트에서 양파는 영원불멸의 상징이었다. 강한 냄새와 벗겨도 벗겨도 계속 쌓여 있는 신비스러운 힘이 죽은 사람을 되살릴 수 있다고 믿었기 때문이다. 장례식에 양파를 올리고 미라 몸의 골반이나 가슴, 귀 등 함몰된 부분을 메울 때도 양파를 사용했다. 무엇이든 어떤 것이든 되살리는 손이 야암선생과 닮았다.

다종예술가 야암선생은 백 가지 손을 가진 백수다. 사물을 꿰뚫어보는 날카로운 눈매와 머리가 하얗게 셀 정도로 많은 생각을 묶어 꽁지머리를 했다. 재주 많은 손을 놀려 화덕을 만들고 카페도 리모델링한다.

죽은 나무가 새가 되고 물고기가 되어 다시 태어난다. 그의 손을 거치면 평평한 흙이 꽃병이 되고 주전자와 찻잔이 되어 많은 걸 담는다. 버려진 돌도 다듬고 서각을 하니 작품으로 다시 들어와 자리를 잡는다.

2024년 5월 야암선생의 부채전 '바람을 보다'가 곡성읍 갤러리 카페 푸른 낙타에서 있었다. 직접 대나무 뿌리를 캐서 부채살, 한지까지 손수 만든 부채다. 한지에 그림을 그려 부채에 담고, 일곱 마디가 넘는 대뿌리에 한자 한자 마음을 새겨 부채 손잡이를 완성했다.

'안녕하시지요? 묻는 인사말이 공허하고 불편해서, 껄렁거리는 것들과 입틀막을 비켜 부채전을 연다'는 작가의 초대 글에서 보듯 2년간의 힘들었던 시절이 고스란히 담겼다. 부채마다 가만히 앉아 있는 새가 있다. 강아지풀에 앉은 나비를 보고, 풀잎 끝에 앉은 달팽이를 본다. 사랑으로 보는 작가의 눈이 선하다.

이기철 시인과 김용택 시인을 사랑하는 야암선생은 그 마음을 그대로 하나의 부채에 담았다.

가장 마음에 와 닿았던 작품이다. 부채의 손잡이가 짧아 더 강렬하다. 자아를 반영하는 유리, 자신을 그대로 보여주고 싶은 마음이 들어있다. 내부와 외부의 경계를 허물고 순간이 영원으로 통한다.

> 새처럼 깨끗한 내장으로 살 수 있다면
> 물고기처럼 투명한 몸으로 살 수 있다면
> 내 서슬 푸른 욕망 모두 베어내도 좋으리

이기철, 「몸의 유리 2」 부분

그대가 보고 싶어
참다 참다가 참을 수 없어서
뚝 떨어지는 것이
선운사의 동백꽃이더냐

김용택, 「고사포 앞바다 일부를 낙죽에 새김」

흰머리를 길게 묶고 있던 야암선생이 변화를 시도한다. 머리를 염색할 마음이 생겼단다. 주변 지인들은 검은색을 권한다. 나는 핑크색을 말한다. 그간 푸른 낙타로 끝없는 사막에서, 별과 해와 모래만 보고 살았다. 푸른빛은 섬진강에게 주고 봄날로 살았으면 좋겠다. 슬픔도 아픔도 모두 푸른 낙타에게 짊어지게 하고 떠나보내자. 이제 핑크빛 인생을 맞이할 때가 되었다.

사랑을 잇다

다슬기의 봄

'연두빛이 예뻐요. 섬진강 수양버들이 나풀거려요.'

'진달래꽃 머리 이고 새색시 바깥구경 가나봅니다.'

'기다리라 했는데 목마른 벚꽃이 팡팡 꽃망울을 터트려요.'

'매화,산수유,목련,개나리,진달래,벚꽃이 한꺼번에 보아달라고 아우성이네요.'

'갈길 잃은 매화 한 송이 내 눈 안에 들어왔어요.'

'보라안과에 가서 얼른 밖으로 꺼내주세요.'

안개비가 소리 없이 스며드는 한가한 봄날, 잠자던 핸드폰이 흔들렸다. 푸른 낙타 수다방이 와글와글 거린다. 푸른 낙타 수다방은 섬진강을 지키는 사람들의 대화하는 방이다. 봄이 부른다는데 얼른 나가봐야겠다.

점심을 먹는 한 시간은 너무 짧다. 오후 반 일 연가를 내고 섬진강 봄 속으로 들어간다. 눈에 열이 많은 나는 다래끼가 자주 생긴다. 다슬기는 비타민A가 풍부해서 눈 건강에 좋단다. 봄부터 초여름까지 제철이니 지금이 딱이다. 이때가 지나면 알을 품어 모래를 씹듯 맛이 없다. 우리는 섬진강 다슬기탕을 먹기로 했다.

광주에서, 호곡에서, 목사동에서 각자 출발하여 가정역 주차장으로 모였다. 면장님이 운전하는 차 한 대로 17번 국도를 달린다. 17번 국도는 곡성에서 구례를 지나는 구간이 가장 아름답다.

봄이면 가장 먼저 달려가고 싶은 섬진강 벚꽃길이다. 눈꽃송이 같은 벚꽃길을 따라 섬진강을 눈에 담는다. 눈길이 가는 곳마다 풍경화다. 물속에 산벚꽃이 피어 물고기들에게 주는 솜사탕 같다.

압록유원지에서 구례 방향 2km 거리에 있는 하한마을에는 맛집이 많다. 한적한 도로변에 넓은 주차장을 갖춘 식당으로 들어갔다. 직접 섬진강에서 잡은 다슬기로 요리하는 집이다. 출발하기 전에 전화로 예약을 한 뒤라 다슬기탕이 바로 나왔다. 집된장에 묻힌 고추, 깻잎장아찌, 방풍나물, 머위잎나물, 다슬기부추전 등 한 상 가득 봄이 담겼다. 막걸리의 뽀얀 사랑이 쿨쿨쿨 들어왔다.

먼저 다슬기를 건져낸다. 이쑤시개로 다슬기 머리를 꼭 찌르고 껍질 모양대로 돌려주면 초록색 내장까지 끊이지 않고 나온다. 어렸을 때는 꽁무니를 이빨로 조금 깨고 앞을 쪽하고 빨면 알맹이가 입안으로 쏙 들어왔다. 지금은 다슬기가 껍질이 두꺼워 깨지지도 않고, 이빨도 약해져 그렇게 먹을 수 없다.

빙글빙글 세 번을 돌려야 다슬기 한 개를 까서 먹을 수 있었다. 면장님은 콕, 짝, 탁 한 번의 손놀림으로 기계보다 빠른 속도로 다슬기를 까서 접시에 수북이 담아주었다. 숟가락으로 한 수저 떠 입안 가득 다슬기를 먹었다. 섬진강 다슬기는 씨알이 크고 속이 튼실하여 육질이 오독오독 씹히는 맛이 최고였다.

다슬기가 품은 물의 생명력이 내 몸에 들어와 꿀렁거린다. 세상에서 가장 맛난 건 자연 그 자체를 먹고 좋아하는 사람과 함께 먹을 때, 다른 무엇과도 바꿀 수 없는 보약이다. 다슬기 껍질이 쌓이듯 우리의 정도 쌓여갔다.

은어의 여름

"국장님, 옛날에는 여름철 별미음식으로 은어밥을 먹었어요."

"어떻게 비린내 나는 생선을 넣어 밥을 해요?"

"은어는 수박향이 나며 비늘이 없어 비린내가 안나요."

"통뼈라 가시를 발라낼 필요 없이 양념장에 비벼 먹으면 돼요."

무더위가 한창인 8월 어느 날, 섬진강이 한눈에 내려다보이는 곳에 자리를 폈다. 은어 소금구이를 먹기로 했다. 전기그릴 위에 가지런히 누운 은어가 여자의 몸매처럼 매끈하고 늘씬하다. 은어가 물소리에 맞춰 허리를 굽히며 익어간다.

은어는 바다에 살다가 맑은 민물로 돌아와 알을 낳는 회귀성 물고기다. 7~8월 은어는 살이 통통하게 오르고 육질이 좋아, 이 시기에 먹는 게 가장 좋다. 은어는 잡으면 바로 죽기 때문에 즉시 손질해야 한다. 비늘이 없어 내장만 제거하고 깨끗이 씻으면 손질이 끝난다. 썰어서 회로도 먹고, 굵은 소금을 뿌려 구이로도 먹고, 튀김으로도 먹는다.

별미인 은어밥은 쌀과 함께 처음부터 은어를 넣는 게 아니다. 밥이 끓어오르면 은어를 통째로 밥 속에 박아 넣는다. 은어는 뜸들이는 과정에서 익는다. 밥이 다 되면 꼬리를 잡고 살살 살을 훑어내면 된다. 은어는 통뼈라 가시를 따로 발라낼 필요 없이 생선 모양대로 나온다. 은어살과 밥을 양념장에 비벼 먹으면 다른 반찬이 필요 없다. 바쁜 농사철에 곡식이 부족하고, 영양분을 보충하기 위한 보양식이라는데, 시간까지 잡는 현명한 식사법이다.

참게의 가을

갈바람에 코스모스가 흔들린다. 면장님은 퇴직을 앞두고 마음이 심란하다. 은퇴 후 삶, 남겨진 집, 자식 결혼 등 걱정이 많다. 봄바람은 여자한테 불고, 가을바람은 남자에게 오는가보다. 우리가 모여야 할 이유가 생겼다. 걱정 뚝딱 참게탕을 먹기 위해서다. 대황강과 섬진강이 만나는 압록은 민물고기 식당이 많다. 흐르는 물을 보며 음식을 맛볼 수 있는 강변식당으로 모였다. 우체국에서 15분 넘게 가야 하는 식당이지만 그 맛을 잊을 수 없다.

부추전과 새콤달콤 유자청이 들어간 상추샐러드가 나오고 세 칸 접시 두 개에 콩나물, 시금치 등 나물과 김치, 장아찌가 담겨 있다. 참게메기탕과 참게수제비가 나왔다. 사전에 예약을 했기 때문에 바로 먹을 수 있었다.

면은 퍼지면 텁텁해져 맛이 없어 참게수제비를 먼저 먹기로 했다. 고춧가루가 풀어진 주황색 국물에 연두색 애호박과 뽀얀 수제비 사이에 노란 참게알이 빼곡하게 들어 있다. 이렇게 많은 알을 넣은 수제비는 처음 봤다. 노란 건 알이 아니라 참게를 통째로 갈아 넣어서 순두부처럼 몽글몽글 덩어리가 진 거다. 하나도 버리지 않고 뼈까지 넣어 질과 양을 모두 잡았다. 더욱이 목 넘김이 좋게 부드럽고 발라먹을 필요 없이 손도 편하게 요리를 만들다니 조상님의 지혜가 놀라웠다.

참게메기탕을 먹었다. 메기의 두툼한 살과 참게의 진하고 시원한 국물이 함께 어우러진 탕이다. 들깨가루와 우거지가 들어가 씹을수록 고소하다. 빨갛게 꽃이 핀 참게 등딱지 속에 있는 내장과 알을 깨끗이 파서 먹었다. 참게의 집게발에는 징그러운 털이 있다.

"바다에 사는 꽃게는 없는데 민물에 사는 참게는 왜 털이 있어요?"
"참게도 고향은 바다예요. 봄이면 바다에서 강을 거슬러 올라와 민물에서 성장한 참게는 가을이면 사랑을 나누고 알을 낳으러 바다로 돌아가죠. 참게의 다리에 있는 털은 원숭이 엉덩이 털이에요."
"갑자기 원숭이가 왜 나와요. 같이 만날 일이 없을 것 같은데요?"
"참게 다리와 원숭이 엉덩이의 형상에 관한 설화가 있답니다."
"견원지간이란 말도 있어요."

야암선생은 빙그레 웃으며 장난스럽게 말했다. 「게와 원숭이의 떡 다툼」이란 유래 설화는 중국에는 없고 우리나라와 일본에만 존재한다. 서로 사이가 나쁜 두 사람의 관계를 비유한 '견원지간'은 『서유기』에서 유래되었다고 한다. 여기서 나오는 동물은 개와 원숭이다. 물가에 사는 게와 나무 위에 사는 원숭이가 만날 일이 얼마나 있겠는가? 구전되는 이야기다 보니 발음에서 게와 개를 혼동하여 이런 이야기를 만든 건지도 모른다.

> 게와 원숭이가 떡을 해먹기로 했는데, 떡이 다 되어서 먹으려고 하자 원숭이가 가로채어 나무 위로 올라가버렸다. 원숭이는 게가 나누어먹자고 사정하는데도 나무 위에서 게를 놀려대면서 혼자 먹다가 떡을 땅에 떨어뜨렸다. 게가 그 떡을 얼른 주워서 굴속으로 도망가자, 원숭이는 나무에서 내려와 게 굴 앞에서 사정을 했으나, 게가 듣지 않으니까 궁둥이로 게의 굴을 막고는 방귀를 뀌었다. 그때 게가 앞발로 원숭이의 궁둥이를 물어뜯었기 때문에 오늘날까지 원숭이의 궁둥이는 털이 없이 빨갛고, 게 앞발에는 아직도 원숭이 궁둥이 털이 그냥 붙어 있다는 이야기이다.
>
> 게와 원숭이의 떡 다툼, 한국민족문화대백과사전

지리산을 끼고 흐르는 섬진강은 5대강 중 유일한 1급수이다. 섬진강사람들은 자기만의 색이 뚜렷한 그 분야 일인자들이다. 그들과 함께 어우러져 청정 하천에서만 사는 토착생물로 만든 향토음식을 맛볼 수 있었다. 다슬기탕, 은어구이, 참게수제비를 먹었다. 섬진강이 내 몸에 들어왔다. 나의 꿈을 섬진강에서 꽃피울 것이다.

닫는 글

우체국은 향기가 있다

안녕하세요? 권미양입니다. 다들 잘 계시죠. 벌써 목사동을 떠난 지 5년이 지났네요. 지금은 곡성우체국에서 근무하고 있습니다.

지난 2024년 11월 4일은 우체국에서 근무한지 30년째 되는 날이에요. 등단 소식을 받은 날이기도 하죠. 달력을 넘기며 지난날을 회상했어요. 고흥, 보성, 영광, 광주, 곡성 등 많은 지역에서 근무했지만, 목사동에서의 시간은 저에게 특별했어요. 지금까지 일만 알고 있던 저에게 직장 말고 다른 삶이 있다는 걸 알게 해주었고 많은 기쁨을 가져다주었어요. 함께 했던 모든 분께 감사의 마음 전합니다.

참 많은 일이 있었어요. 2021년 7월 무더운 날 오전 9시, 긴 셔츠에 짧은 바지를 입은 젊은 여자분이 왔어요. 목사동 주민은 아닌데, 배낭에 태극기와 원전 반대 깃발을 꽂은 걸 보니 국토 순례 중인 것 같았죠. 엽서를 달라고 하는 거예요. 요즘은 우표를 찾는 사람이 거의 없잖아요. 그래서 재고관리 효율성을 이유로 우표 대신 감열식으로 인쇄되어 나오는 증지 라벨을 붙이고 있거든요. 엽서가 없으니, 종이와 봉투를 드렸어요. 황당한 표정을 감추지 않고 마지못해 편지를 쓰시는 거예요. 자꾸만 눈길이 가고 마음이 불편했어요. 오늘 일로 우체국의 이미지가 안 좋아질까 걱정되었죠. 마음을 돌려야겠다 싶어 말을 걸었어요.

"아카시아꽃으로 효소를 만들었는데 그게 얼까요?"
"글쎄요, 당도가 높아 잘 모르겠는데요."
"안으로 들어와서 맛 좀 보시겠어요?"

봄에 찔레꽃과 아카시아꽃을 따서 청으로 만들었어요. 날씨가 더워지니 고객들에게 시원한 꽃차를 대접하려고 꽃청을 얼리려는 중이었거든요. 상담실로 들어온 그녀에게 투명한 유리잔에 찔레꽃 한 송이가 들어간 시원한 냉차를 건넸어요.

"찔레 향이 그윽해요. 이런 차는 처음 먹어보네요. 감사합니다."

우체국 작업대를 넘어서면 고객과 직원을 나누는 벽이 허물어지고 하나가 되죠. 그녀는 다음날 우체국을 들러 텃밭을 구경했고, 다섯 번 정도 더 만난 다음부터는 목사동 전망을 함께 나누는 친구가 되었어요. 핸드폰에 100명만 저장한다는 그 친구는 다른 사람을 지우고 제 이름을 기록했다고 했어요. 마지막 날 우리는 뜨거운 포옹을 한 뒤 헤어졌죠.

한 달 후 해창막걸리와 함께 해남 백련재 문학의 집에서 엽서를 보내왔어요. 신문에 「목사동우체국의 7월」을 기고했다며 소식을 알려주었어요.

저는 우체국을 통해 많은 가족을 얻었어요. 다른 기관에 비해 집배원, 우편원, 계리원, 행정직 등 다양한 업무를 하는 조직원이 함께 공존하고 있어요. 아버지와 자식이 함께 근무하는 예도 많지요.

잠자는 시간을 제외하면 집보다는 우체국에서 머무는 시간이 훨씬 많잖아요. 우체국을 아늑한 공간으로 만들고 싶었어요. 고객용 탁자에 손수 꽃 자수를 놓은 조각보를 유리판에 깔아 차를 마실 때 컵받침으로 활용토록 했죠. 그 자리에 머무는 순간 귀한 사람이 되었다며 모두 좋아했던 모습이 떠올라 가슴이 따뜻해지네요.

서툰 그림이지만 문화센터에서 배운 그림을 표구하여 곳곳에 두고, 잔잔한 음악이 흐르는 작은 전시장을 만들었어요. 분위기가 훨씬 밝아졌다며, 우체국에 오면 편안해서 좋다고 말씀하셨던 이장님도 생각나네요. 잘 계시죠. 술은 조금 덜 드시나요?

자석으로 만들어진 명찰이 무겁다는 직원을 위해 자수로 좋아하는 꽃과 함께 이름을 새겨 넣어 명찰을 만들어 선물했죠. 가슴에서 피어난 꽃에서 향기가 난다며 좋아했던 주무관님, 그때 우리 많이 웃었죠.

털목도리를 만들어 오토바이를 타고 찬바람을 맞는 집배 주무관님 목에 둘러주었죠. 지금도 이용하고 있다고 말씀하시는 주사님을 뵐 때는 저절로 미소가 지어져요. 나를 행복하게 만들어주신 분들이죠. 고맙습니다.

올해 8월 곡성갤러리 107에서 생연필회원전을 열었어요. 텃밭에서 재배했던 작물들과 곤충들이 함께 공존하는 '텃밭 만다라'를 그렸지요. 둥근 우주 안에 생명의 근원인 태양을 두고 주변에 각각의 작물들이 연결되었죠. 에너지를 받고 자란 작물들은 다시 열매를 맺고 씨가 되어 본질로 돌아가 우주의 힘이 모여 다시 순환하는 그림이에요. 오픈식 날 노란 티셔츠에 프린팅해서 입었어요. 제가 액자가 되어 가슴에 품었지요. 좋은 기운이 깃든 텃밭 만다라의 힘을 받아 발걸음이 가벼워 날아 다녔어요.

봄이
찍어낸
우표랍니다

꽃에게만
붙이는
우표랍니다

손동연, 「나비」

우표는 나라에서만 기념우표로 만들지요. 요즘은 '나만의 우표'라고 자신이 직접 디자인해서 만드는 우표도 있어요. 조폐공사에서 인쇄하는 우표 테두리 안에 원하는 이미지를 넣는 방식이죠. 대표 그림들을 골라 저만의 우표를 만들어 회원들과 나누었죠. 모두들 자신만의 추억이 담겨 있어 오래토록 간직하면 좋겠다고 기뻐했어요. 저의 작은 수고로움이 다른 사람을 즐겁게 할 수 있어 설렜네요. 환하게 웃는 회원들의 얼굴을 보니 제가 더 행복하더라구요. 이번 기념우표는 돈으로 바꿀 수 없는 소중한 추억이니까요.

지금도 드시고 있나요?

텃밭에 있던 둥굴레, 작두콩, 결명자, 돼지감자를 수확해서 면장님과 함께 직접 썰고, 말리고, 덖음해서 차를 만들었어요. 면사무소, 농협, 보건소 등 기관에 나누어 방문하는 주민들에게 차로 내게 했죠. 구수한 향기가 진하고 맛도 좋다며 모두가 즐거워했어요. 그 향기가 스며있는지 가슴이 따뜻해지고 눈을 반짝이며 고개를 돌려 찾게 되네요.

최근에 행복한 문화여행 이야기 『곡성에 취하다』라는 책을 읽게 되었어요. 첫 장을 여는데 정신이 번쩍 들었어요. '뭣하다 이제 오셨소 얼마나 기다렸는지 모른다니까' 마치 책이 저에게 말을 거는 것 같았어요.

우체국장은 편안하고 친근한 이미지로 지역문화 알리미 역할을 해야 한다고 생각해요. 주소도 곡성으로 옮기고 지역연구자 모임에 들어가 곡성의 인물, 역사, 문화를 공부했어요. 관광안내도에 나와 있는 곳은 제대로 설명할 수 있어야 한다는 생각에 연가를 내고 곡성의 세 개 권역을 직접 돌아보았죠. 소박하지만 모나지 않게 나를 포근히 감싸준 곡성을 제대로 알고 싶어졌거든요. 요즘 저는 곡성에 푹 빠져 있어요.

우체국 안에 작은 카페를 만들었어요. 직접 만든 둥굴레, 작두콩, 마리골드차, 구절초꽃차 등을 마시면서 이야기할 수 있는 공간이죠. 꽃은 꺾이는 순간에도 향기를 지키고 있어요. 뜨거운 물을 부어주면 다시 꽃으로 피어나죠. 꽃으로 태어난 운명은 꽃으로 살다 끝까지 꽃으로 남을 거예요.

우체국은 항상 먹을거리가 풍부해요. 배를 수확했다고 우편물 부치시면서 한두 개 주고 가신 분이 계셔요. 다른 분이 오시면 차와 함께 하얀 배를 깎아 다과로 내면 드시고 다음에 오실 때 감을 가져와요. 다른 분들은 밤, 쑥떡, 무, 콩 등 시기별로 수확한 과일이며 채소를 주고 가시죠. 우체국은 지역 나눔의 공간이 되었어요.

벌레(Worm)가 사과에 파놓은 구멍을 통과하면 더 빠르게 반대편으로 갈 수 있다고 해요. 혈액을 몸 구석구석 전달하는 동맥처럼 우체국은 서로 다른 지역과 지역, 마을과 마을, 사람과 사람을 잇는 통로 역할을 하고 있죠. 저는 우체국을 찾는 분들과 차를 마시면서 함께한 시간이 따뜻한 만남이 되도록 최선을 다해요. 정보를 나누면서 함께 공유하고 전파하는 게 좋거든요. 어느 곳에서 근무하게 되더라도 그곳에 이야기를 나눌 수 있는 공간을 만들 거예요. 우체국에 가면 다 해결되는 포스트 홀(Posthole) 우체국을 만들고 싶어요. 내 이름 미양(美陽), 아름다운 볕처럼 사람들의 따뜻한 이야기를 듣고 전하는 우체국장으로 기억되기를 바랍니다.

글을 쓰다 보니 텃밭에서 함께했던 시간이 그립네요.

곡성읍에 오시면 꼭 들러주세요. 따뜻한 차 한 잔 대접해 드릴게요. 항상 건강하시고 행복하세요.

그리운 목사동우체국

작가의 말

새로운 텃밭의 꿈

나는 날마다 꿈을 싣고 달린다. 내 차 트렁크에는 두 개의 상자가 있다. 한 상자에는 종아리까지 오는 긴 장화, 밭 호미, 손잡이가 짧은 낫, 목덜미까지 망사로 둘린 챙이 넓은 모자, 주머니가 큰 앞치마가 담겼다. 다른 상자에는 재봉틀과 옷감들, 스케치북, 붓, 물감, 색연필이 들어있는 가방이 있다. 언제든지 출동할 채비를 갖추었다.

우체국 텃밭과 함께 했던 순간을 다시 떠올린다. 생의 전환기 쉰 살에 만났으니 온 힘을 다해 나를 비우고 갈아엎고 씨를 뿌리고 열매를 거두었다. 나에게 경종을 울려준 둥굴레, 잡초 대신 키운 결명자와 돼지감자를 차로 만들어 목사동사람들과 나누었다. 텃밭의 단골 상추, 쑥갓, 가지, 오이, 고추를 키우며 입과 눈이 즐거웠던 것처럼 대황강사람들과 다해봄센터에서 함께 목공을 하며 우정을 키웠다.

바람과 물과 새와 함께 나눴던 들깨, 잎만 무성했던 고구마, 굼벵이가 다 먹은 땅콩, 애벌레의 천국 열무 등 어렵고 힘든 시기도 있었지만 꿋꿋하게 극복했다. 부추, 양파와 마늘, 고추와 배추가 어우러져 김치가 탄생한 것처럼 나도 섬진강의 품에서 꿈을 완성하고 싶다.

우체국 텃밭이 나를 받아 키워준 것처럼 대황강을 따라 나의 길도 함께 가고 있다. 이제는 섬진강으로 접어들었다. 나의 미래의 텃밭은 섬진강을 바라보는 곳에 있다. 이곳에는 매실나무와 감나무, 아름드리 밤나무, 산수국이 이미 자라고 있다. 봄에는 매화꽃을 보고 가을에는 곶감을 만들 것이다.

텃밭 아래로는 끊임없이 물이 흐른다. 탑선마을에서부터 시작된 냇물이 모여 섬진강으로 흐르고 있다. 더 넓은 세상으로 나가기 위한 밑거름이 되어준다. 우체국 텃밭이 나에게 놀라운 힘을 준 것처럼 미래의 텃밭에서 나의 꿈을 펼칠 것이다.

하늘이 나의 푸른 꿈을 담고 있다. 무조건 바쁘게 사는 것이 최고라고 생각하고 살았던 시절, 꿈꾸지 못했던 일이다.

끝으로 자작시 「하늘을 담은 나뭇잎」을 옮겨본다.

절뚝거리는 할머니 달여 주려고
삼촌과 괭이 들고 뒷산에서
토복령을 찾는다

가파른 깔딱고개를 넘고
산허리쯤에 잠시 바위에 앉았다
푸드덕 새 한 마리 날아간다

떡갈나무가
청미래덩굴에 줄기를 내어주었다
하늘 구경에 빠져 되돌아가는 것을 잃고
빨간 망개열매를 매달았다

꽃꼬마밤나방이
청미래덩굴 잎사귀에 이사를 왔다
애벌레가 꿈을 갉아먹고
매끈매끈한 잎에 나비의 날개를 그렸다

구멍 뚫린 청미래덩굴 잎에
파란 바다가 들어왔다
나비가 꿈틀꿈틀 항해를 시작한다

곡성에 있는 우체국

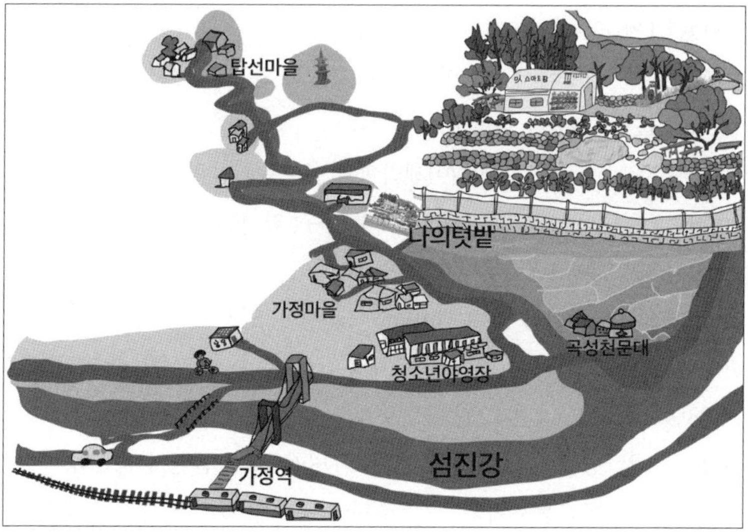

섬진강을 바라보는 나의 텃밭

나의 발자취

1970년 보성군 복내면에서 태어남

1972년 광주시 북구 오치동 농장으로 이사

1974년 광주시 북구 문흥동 820번지에 정착

1982년 초등학교 5학년 때 아버지가 돌아가시고 저녁식사 책임을 짐

1994년 11월 고흥 금산우체국에서 첫 근무를 시작함

1998년 4월 남편이 된 장문수씨를 처음 만남

1999년 1월~2008년 8월 서광주우체국 근무

1999년 3월 영광에서 결혼식을 올림

1999년 12월 큰아들 한주 태어남

2008년 3월 광주시청자미디어센터에서 '가족뉴스만들기' 프로그램 참여

2008년 9월~2010년 3월 보성우체국 근무, 감자를 판매함

2010년 3월~2015년 6월 전남지방우정청 근무

2010년 8월 둘째아들 범주 태어남

2015년 7월~2018년 10월 영광우체국 근무, 수술 후 3개월간 입원

2018년 11월~2019년 12월 낙월우체국 근무, 춘자이모를 만남

2020년 1월 광주오치동우체국장으로 1년간 근무, 민원에 시달림

2021년 1월 목사동우체국 근무, 우체국 텃밭을 일구기 시작, 곽해익 면

장님을 처음 만남

2021년 6월 다해봄센터에서 대황강사람들과 목공 시작, 류상근 선생님, 노일근 박사님과 사모님을 만남

2021년 7월 엄마의 위암 소식을 처음 알게 됨

2021년 7월 우체국 텃밭에 엄마, 이모, 언니가 옴

2021년 8월 곡성드로잉모임 생연필회원전 참여, 생애 첫 그림 전시회 경험 후 매년 생연필회원전 개최

2021년 9월 우체국 텃밭에서 대주스님과 함께 자연송이 체험

2021년 11월 엄마 최정숙 여사가 세상을 떠남

2022년 4월 섬진강도깨비마을 김성범 촌장님 처음 만남

2023년 3월 섬진강아동문학반 활동 시작, 12월에 『하늘을 담은 나뭇잎』 문집 발간, 이듬해 『넌, 누구편 들래!』 문집을 발간

2023년 3월 이야기학교 5기로 김탁환 작가님을 처음 만남, 이후 매년 봄·가을학기 2년간 수강하며 문집을 냄

2023년 4월 석곡우체국장으로 발령, 대황강자전거길을 누빔

2024년 5월 푸른 낙타에서 야암 안태중 작가님 부채전 '바람을 보다' 개최

2024년 11월 『아동문학평론』 신인문학상 당선 소식을 들음

2024년 12월 옥과우체국장으로 발령, 『아동문학평론』 제193호 신인문학상(동시부문)으로 등단

2025년 4월 첫 그림책 『아기부처를 업은 할머니부처』(도서출판 품) 출판

2025년 7월 곡성우체국 경영지도실장으로 발령받아 현재 근무 중

우체국 텃밭에서 그 사람을 생각하다

1판 1쇄 찍은 날 2025년 11월 24일
1판 1쇄 펴낸 날 2025년 11월 28일

지은이 권미양
펴낸이 김완준

펴낸곳 모악

출판등록 2016년 1월 21일 제2016-000004호
이메일 moakbooks@daum.net

ISBN 979-11-88071-81-4 03810

값 15,000원

* 이 책은 곡성군미래교육재단에서 추진한 책쓰기 과정으로
김탁환 작가님이 지도한 수료생들의 창작물입니다.

곡성군미래교육재단

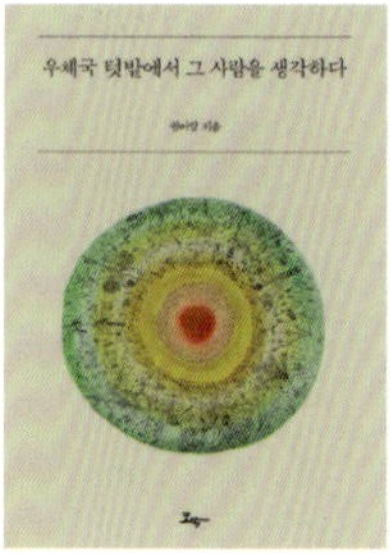

우체국 텃밭에서 그 사람을 생각하다

권미양 지음

문을 열고 나가볼까

김영숙 지음

지금도 우리는 유풍농원에 산다

정은희 지음

귀옥과 은숙, 두 여자 이야기

정은숙 지음

우체국 텃밭이 나를 받아 키워준 것처럼 대황강을 따라 나의 길도 함께 가고 있다.
이제는 섬진강으로 접어들었다. 나의 미래의 텃밭은 섬진강을 바라보는 곳에 있다. 이곳에는 매실나무와 감나무, 아름드리 밤나무, 산수국이 이미 자라고 있다. 봄에는 매화꽃을 보고 가을에는 곶감을 만들 것이다.
텃밭 아래로는 끊임없이 물이 흐른다. 탑선마을에서부터 시작된 냇물이 모여 섬진강으로 흐르고 있다. 더 넓은 세상으로 나가기 위한 밑거름이 되어준다. 우체국 텃밭이 나에게 놀라운 힘을 준 것처럼 미래의 텃밭에서 나의 꿈을 펼칠 것이다.

「작가의 말」에서

15,000원
03810
9 791188 071814
ISBN 979-11-88071-81-4